O sutra do ataque do coração

um novo comentário
sobre o sutra do coração

O sutra do ataque do coração

um novo comentário
sobre o sutra do coração

Karl Brunnhölzl

Traduzido para o português
por *Stela Santin*

Lúcida Letra
Editora interdependente

© 2012 Karl Brunnhölz

Publicado originalmente por Shambhala Publications, Inc.
Título original: The Heart Attack Sūtra: a new commentary on the Heart Sūtra

Todos os direitos desta edição são reservados.
© 2024 Editora Lúcida Letra

COORDENAÇÃO EDITORIAL: Vítor Barreto
TRADUÇÃO: Stela Santin
REVISÃO TÉCNICA: Marcelo Nicolodi
REVISÃO: Nádia Ferreira
LEITURA FINAL: Josiane Tibursky e Joice Costa
PROJETO GRÁFICO: Guilherme Erhardt

1ª edição, 02/2024

Dados Internacionais de Catalogação na Publicação (CIP)

B897s	Brunnölzl, Karl. O sutra do ataque do coração : um novo comentário sobre o sutra do coração / Karl Brunnölzl ; traduzido para o português por Stela Santin – Teresópolis, RJ : Lúcida Letra, 2024. 224 p. ; 21 cm. Inclui bibliografia. ISBN 978-65-86133-58-5 1. Budismo Mahayana - Sutra do Coração. 2. Sabedoria. 3. Meditação. I. Santin, Stela. II. Título. CDU 294.3

Índice para catálogo sistemático:
1. Budismo : Sutra do Coração 294.3
(Bibliotecária responsável: Sabrina Leal Araujo – CRB 8/10213)

Sumário

INTRODUÇÃO — 7
A loucura do Sūtra do Coração — 7
Vacuidade significa desapegar-se — 14
Estabelecendo-se na ausência de base — 14
Vacuidade, originação dependente e física quântica — 18
Os três ciclos de ensinamentos do Buddha — 19
Expressando o inexprimível — 19
Os ensinamentos como escrituras e realização — 24
Prajñāpāramitā — sabedoria perfeita transcendente — 27
A espada flamejante de prajñā — interesse afiado, iluminador e compassivo — 31
A Mãe Prajñāpāramitā — intuição que inclui o intelecto — 38
Prajñāpāramitā como base, caminho e fruição — 43
Os sūtras prajñāpāramitā — 45
Simplicidade complicada — 48
Prajñāpāramitā como uma heresia budista — 52
Caminhos sem base — 55
Sujeira, sabão e água — 60
Desfazendo o fazer — 65

O COMENTÁRIO SOBRE O SŪTRA DO CORAÇÃO — 71
O palco e os atores principais — 71
O título — 74
Sabedoria transcendente mãe repleta de qualidades — 74
O coração da mãe de todos os buddhas — 81
O prólogo — 82
O tempo excelente — 84
O professor excelente — 85

O local excelente	88
O séquito excelente	89
O ensinamento excelente	92
Avalokiteśvara — vacuidade com um coração de compaixão	97
Compaixão em ação	101
Não ver o mundo como o conhecemos	104
A parte principal do sūtra	**110**
A inocente pergunta de Śāriputra	110
A resposta curta não tão inocente de Avalokiteśvara	113
A vacuidade profunda em quatro aspectos	125
Forma e vacuidade são duas coisas?	128
O caminho do meio sem um meio	133
Todos os elementos do nosso corpo e da nossa mente são como o espaço	147
A profundidade em oito aspectos	149
As três portas para a liberação	165
Outras formas de cortar o bolo dos fenômenos ilusórios	168
Até mesmo a originação dependente é vacuidade	176
O fim das quatro nobres verdades	179
Também não há nenhuma esperança na prajñāpāramitā	183
O vajra transparente do destemor	188
Alcançando a ausência de referenciais	195
O mantra — o salto final no abismo	200
O louvor do Buddha	209
O epílogo	**212**
Uma meditação sobre a Prajñāpāramitā e o Sūtra do Coração	215
O Sūtra do Coração da Gloriosa Mãe Prajñāpāramitā	221
Bibliografia selecionada	225
Notas	227

Introdução

A LOUCURA DO SŪTRA DO CORAÇÃO

Não há dúvidas de que o Sūtra do Coração é o texto mais frequentemente utilizado e recitado em toda a tradição budista Mahāyāna, que ainda floresce no Japão, na Coreia, no Vietnã, no Tibete, na Mongólia, no Butão, na China, em partes da Índia e Nepal e, mais recentemente, também nas Américas e na Europa. Muitas pessoas falaram coisas diferentes sobre o que o Sūtra do Coração é e o que ele não é, tais como: o coração da sabedoria, uma declaração de como as coisas verdadeiramente são, o ensinamento-chave do Mahāyāna, a condensação de todos os sūtras prajñāpāramitā (o segundo giro da roda do Dharma do Buddha), ou a explicação da vacuidade em poucas palavras. Antes de olharmos as próprias palavras do Sūtra do Coração, pode ser útil primeiro explorar um pouco o seu histórico dentro da tradição budista, bem como os significados de "prajñāpāramitā" e "vacuidade."

Em resumo, o que podemos dizer com segurança sobre o Sūtra do Coração é que ele é completamente louco. Quando lido, não faz nenhum sentido. Bem, talvez o começo e o final façam sentido, mas tudo no meio parece uma sofisticada forma de absurdo, que pode ser considerada como a característica básica dos sūtras prajñāpāramitā em geral. Se gostamos da palavra "não", poderemos gostar do sūtra, porque essa é a principal palavra usada — não isso, não aquilo, não qualquer coisa. Também poderíamos dizer que é um sūtra sobre sabedoria, mas é um sūtra sobre louca sabedoria. Quando o lemos, ele parece insano, mas é exatamente aí que entra a parte da sabedoria. O que o Sūtra do Coração (como todos os sūtras prajñāpāramitā) faz é atravessar, desconstruir e demolir todas as nossas estruturas conceituais usuais, nossas ideias rígidas, todos os nossos sistemas de crenças, todos os nossos pontos de referência, incluindo quaisquer pontos de referência ligados ao nosso caminho espiritual. O sūtra faz isso num nível muito fundamental, não apenas em termos do pensamento e dos conceitos, mas também em termos da nossa percepção, como vemos o mundo, como ouvimos, como tocamos, como sentimos o cheiro, o gosto, como pensamos e reagimos emocionalmente a nós mesmos e aos outros, e assim por diante. Esse sūtra puxa o tapete debaixo dos nossos pés e não deixa nada intacto sobre o que podemos pensar, e nem mesmo muitas coisas sobre as quais não podemos nem mesmo pensar. Isso é chamado de "louca sabedoria". Acho que devo avisá-los que esse sūtra é perigoso para a nossa sanidade samsárica. O que Sangharakshita diz sobre o Sūtra do Diamante se aplica igualmente a todos os sūtras prajñāpāramitā, incluindo o Sūtra do Coração:

> ... se insistirmos que as exigências da mente lógica sejam satisfeitas, estaremos deixando de compreender o principal. O que o Sūtra do Diamante está de fato apresentando não é um tratado sistemático, mas uma série de golpes de marreta, atacando de um lado e de outro, para testar e atravessar a nossa delusão fundamental. Ele não vai facilitar a vida para a mente lógica colocando as coisas numa forma lógica. Esse sūtra será confuso, irritante, incômodo e insatisfatório — e talvez não possamos pedir que seja

diferente. Se ele fosse todo arrumado ordenada e claramente, sem deixar pontas soltas, poderíamos correr o risco de achar que entendemos a Perfeição da Sabedoria.[1]

Outra forma de olhar o Sūtra do Coração é a de que ele representa um manual de contemplação muito condensado. Não é apenas algo a ser lido ou recitado, mas a intenção é contemplar o seu significado da forma mais detalhada possível. Uma vez que se trata do Sūtra do Coração, ele transmite a essência do coração do que é chamado de *prajñāpāramitā*, a "perfeição da sabedoria ou visão". O conteúdo em si não causa nenhum alvoroço nem nos fornece todos os detalhes. É mais como um memorando curto para a contemplação de todos os elementos da nossa existência psicofísica do ponto de vista do que somos agora, o que nos tornamos à medida que progredimos no caminho budista e o que atingimos (ou não atingimos) ao fim desse caminho. Se quisermos ler todos os detalhes, teremos que recorrer aos sūtras prajñāpāramitā mais longos, que compõem cerca de vinte e uma mil páginas no cânone budista tibetano — vinte e uma mil páginas de "não". Apenas o sūtra mais longo, em cem mil linhas, consiste de doze livros volumosos. O Sūtra do Coração está na ponta menor, por assim dizer, e o sūtra mais curto consiste de apenas uma letra, que é, pessoalmente, o meu favorito. Ele começa com a introdução usual: "Uma vez o Buddha estava residindo em Rājagṛha, na Montanha dos Abutres", e assim por diante, e então ele disse "A". Ele finaliza com todos os deuses e outros seres se regozijando, e isso é tudo. Diz-se que há pessoas que efetivamente realizam o significado dos sūtras prajñāpāramitā apenas ouvindo ou lendo a sílaba "A".

Além de ser um manual de meditação, poderíamos dizer que o Sūtra do Coração é como um grande koan. Mas não é apenas *um* koan, é como aquelas bonecas russas: há uma boneca grande e há uma boneca menor dentro dessa primeira, e há muitas outras menores dentro de cada boneca seguinte. Da mesma forma, todos os "nãos" no grande koan do sūtra são pequenos koans. Cada pequena frase com um "não" é um koan diferente em termos daquilo a que o "não" se refere, como "nem olhos", "nem ouvidos", e assim por diante. É um convite para contemplar o que ele significa. "Nem olhos", "nem ouvidos" são expressões que soam muito simples e muito diretas, mas se entrarmos nos detalhes, percebemos que não são nem um pouco diretas. Em outras palavras, todas essas diferentes frases com "não" nos oferecem diferentes ângulos ou facetas do tema principal do sūtra, que é a vacuidade. Vacuidade significa que as coisas não existem como parecem, mas são como ilusões e como sonhos. Elas não possuem uma natureza ou um núcleo próprio que possa ser encontrado. Cada uma dessas frases nos faz olhar para essa mesma mensagem. A mensagem ou o olhar não são realmente diferentes, mas olhamos para eles na relação com diferentes coisas. O que significa dizer que o olho é vazio? O que significa dizer que a forma visual é vazia? O que significa dizer que até mesmo a sabedoria, o estado búdico e o nirvāṇa são vazios?

De um ponto de vista budista convencional, poderíamos até mesmo dizer que o Sūtra do Coração não é apenas louco, mas é iconoclasta ou até mesmo herético. Muitas pessoas reclamam dos sūtras prajñāpāramitā porque eles também destroem todas as características marcantes do próprio budismo, tais como as quatro nobres verdades, o caminho budista e o nirvāṇa. Esses sūtras não dizem somente que os nossos pensamentos, emoções e percepções ordinários são inválidos e que eles não existem realmente como parecem, mas que o mesmo vale para todos os conceitos e estruturas de escolas filosóficas — escolas não budistas, escolas budistas, e até mesmo o Mahāyāna, tradição à qual os sūtras prajñāpāramitā pertencem. Existe alguma outra tradição espiritual que diga: "Esqueça tudo o que ensinamos"? É um pouco parecido com o chefe da Microsoft recentemente ter recomendado em público que os usuários de PCs não deveriam mais comprar o Windows Vista, mas que deveriam ir direto do Windows XP para o Windows 7. Basicamente, ele estava fazendo propaganda contra o seu próprio produto. O Sūtra do Coração é parecido com isso, exceto que ele nos diz apenas o que não comprar, mas não o que comprar no lugar.

Em resumo, se nós nunca vimos o Sūtra do Coração e o lemos, ele soa como uma loucura, porque fica apenas dizendo "não, não, não". Se somos treinados no budismo, ele também soa como uma loucura (talvez ainda mais), porque nega tudo o que aprendemos e tentamos cultivar.

Por que é chamado de "Sūtra do Coração"? Ele tem esse nome porque ensina o coração do Mahāyāna, principalmente em termos da visão. No entanto, a motivação básica do Mahāyāna também está implicitamente contida nesse sūtra na forma de Avalokiteśvara, o grande bodhisattva que é a corporificação da bondade amorosa e da compaixão de todos os buddhas. Na verdade, trata-se do único sūtra prajñāpāramitā no qual Avalokiteśvara aparece, e ele é inclusive o principal orador. Dessa forma, o Sūtra do Coração ensina a vacuidade por meio do epítome da compaixão. Com frequência diz-se que, num certo sentido, a vacuidade é o coração do Mahāyāna, mas o coração da vacuidade é a compaixão. As escrituras até mesmo usam a frase: "Vacuidade com um coração de compaixão". É crucial jamais se esquecer disso. A principal razão da presença de Avalokiteśvara aqui é simbolizar o aspecto da compaixão e enfatizar que não deveríamos perdê-la de vista. Se apenas lermos todos os "nãos" e, então, formos fisgados pelo "nem caminho", "nem essência pessoal" e "nem realização", fica um pouco sombrio ou depressivo e podemos nos perguntar: "Por que estamos fazendo isso?" ou "Por que não estamos fazendo isso?". De fato, a essência do coração dos ensinamentos prajñāpāramitā e do Mahāyāna é a união de vacuidade e compaixão. Se olharmos os sūtras prajñāpāramitā mais longos, podemos ver que eles ensinam extensamente ambos os aspectos. Além de ensinar sobre a vacuidade, eles também falam sobre o caminho de forma detalhada, sobre como cultivar bondade amorosa e compaixão, sobre como fazer certas meditações e como progredir nos caminhos. Eles não falam sempre "não", mas às vezes também apresentam as coisas de uma perspectiva mais positiva. Mesmo o Sūtra do Coração, mais para o fim, apresenta algumas frases sem o "não".

Sem desenvolver um coração suave e compaixão, que como a água suavizam nossa rigidez mental, há o perigo de que os ensinamentos sobre vacuidade endureçam ainda mais nossos corações. Se acharmos que entendemos a vacuidade, mas a nossa compaixão não aumentar, ou até mesmo diminuir, estamos no caminho errado. Por isso, para aqueles de nós que são budistas, é bom e necessário fazer surgir compaixão e bodhicitta antes de estudarmos, recitarmos e contemplarmos esse sūtra. Todas as outras pessoas podem se conectar com qualquer traço de compaixão que possam encontrar em seus corações.

Ainda sob outra perspectiva, podemos dizer que o Sūtra do Coração é um convite para apenas soltar e relaxar. Podemos substituir todas as palavras nesse sūtra que aparecem com "não", como "nem olhos", "nem ouvidos", por todos os nossos problemas, como "nem depressão", "nem medo", "nem desemprego", "nem guerra" e assim por diante. Pode parecer simplista, mas se fizermos isso e de fato transformarmos essa ação numa contemplação sobre o que todas essas coisas — como depressão, medo, guerra e crise econômica — na verdade são, isso pode se tornar algo muito poderoso, talvez ainda mais poderoso do que as palavras originais do sūtra. Normalmente, não estamos muito interessados, por exemplo, em nossos ouvidos e se eles realmente existem ou não. Então, no que diz respeito à contemplação do significado da vacuidade, um dos princípios básicos dos sūtras prajñāpāramitā é tornar essa análise tão pessoal quanto possível. Não se trata de recitar uma fórmula estereotipada ou o Sūtra do Coração sem nunca tocar o cerne do nosso apego à existência real daqueles fenômenos aos quais nós obviamente nos apegamos, ou o apego ao nosso próprio ego. Por exemplo, o Sūtra do Coração não diz "nem identidade", "nem casa", "nem companheiro", "nem trabalho", "nem dinheiro", que são coisas com as quais normalmente nos importamos. Por isso, para torná-lo mais relevante em nossas vidas, temos que preenchê-lo com essas palavras. O Sūtra do Coração nos dá um modelo básico de como contemplar a vacuidade, mas os sūtras prajñāpāramitā mais longos incluem muitas outras coisas, e não apenas "nem olhos", "nem ouvidos", e assim por diante. Eles percorrem listas longas com todos os tipos de fenômenos, por isso somos encorajados a encontrar nossas próprias listas de fenômenos que mapeiam o nosso universo pessoal e, então, aplicar a abordagem do Sūtra do Coração a essas listas.

Há relatos em diversos sūtras prajñāpāramitā longos sobre pessoas presentes na audiência que já haviam alcançado certos níveis avançados de desenvolvimento espiritual, ou de visão, que se liberaram da existência samsárica e do sofrimento. Essas pessoas, que são chamadas "arhats" no budismo, ouviam o Buddha falar sobre vacuidade e então tiveram diferentes reações. Alguns pensaram: "Isso é loucura, vamos embora", e foram. Outros ficaram, mas alguns deles tiveram ataques do coração, vomitaram sangue e morreram. Parece que eles não foram embora a tempo. Esses arhats estavam tão chocados com o que ouviram que morreram no local. Essa é a razão pela qual alguém sugeriu recentemente que poderíamos chamar o Sūtra do Coração de Sūtra do Ataque do Coração. Outro significado poderia ser que esse sūtra vai direto ao coração da questão, enquanto impiedosamente ataca todas as viagens do ego que nos impedem de acordar para o nosso verdadeiro coração. De qualquer forma, até agora ninguém teve um ataque do coração aqui, o que é uma boa notícia. Mas a má notícia é que provavelmente ninguém o entendeu também.

VACUIDADE SIGNIFICA DESAPEGAR-SE

Estabelecendo-se na ausência de base

O Sūtra do Coração e os outros sūtras prajñāpāramitā falam sobre muitas coisas, mas seu tema mais fundamental é a ausência de base fundamental da nossa experiência. Eles dizem que não importa o que façamos, não importa o que falemos, e não importa o que sintamos, não precisamos acreditar em nada disso. Não há absolutamente nada ao que se agarrar, e nem mesmo isso é certo. Então, esses sūtras puxam o tapete debaixo de nós o tempo todo e nos tiram todos os nossos brinquedos favoritos. Frequentemente, quando alguém nos toma um dos nossos brinquedos mentais, simplesmente achamos novos brinquedos. Essa é uma das razões pelas quais muitos sūtras prajñāpāramitā são tão longos — eles listam todos os brinquedos sobre os quais podemos pensar e muitos outros, mas a nossa mente ainda segue se agarrando a outros. O ponto principal é chegar a um lugar onde nós, na verdade, paramos de procurar e de agarrar o próximo brinquedo. Depois, temos que olhar como é estar *nesse* estado de mente. Como a nossa mente se sente quando não estamos nos agarrando a nada, quando não estamos tentando nos entreter, e quando a nossa mente não sai para fora (ou não vai a lugar algum), quando não resta nenhum lugar para ir?

Quando estamos bem longe mar adentro e deixamos que um pássaro terrestre voe do nosso navio, o pássaro não irá muito longe. Ele acabará sempre retornando ao navio porque esse é o único lugar onde pode pousar. Do mesmo modo, nossos pensamentos e emoções sempre tentam ir a algum lugar ou voar em direção ao céu das coisas excitantes, mas eles não podem realmente ir a lugar algum fora da nossa mente, e sempre acabarão se assentando novamente na própria mente da qual surgiram. Por isso, não precisamos amarrar nossos pensamentos, está tudo bem se eles se moverem. Mesmo que vão para muito longe, não precisamos nos preocupar com eles, correr atrás deles ou enviar uma expedição de busca. Inevitavelmente, eles sempre se assentarão na mente, e, portanto, nunca perdemos nenhum pensamento. Isso significa que não precisamos persegui-los ou trazê-los de volta. Fundamentalmente, nunca podemos sair da nossa mente, ainda que às vezes sintamos que a perdemos. Mas nunca podemos sair da nossa mente e ver como o mundo se parece do lado de fora dela. Os sūtras prajñāpāramitā falam dessa experiência fundamental de retornar à nossa mente assim como ela é, sem ir a lugar algum, sem fazer coisa alguma, sem manipular coisa alguma, apenas deixando que a nossa mente seja como ela é. Normalmente, não fazemos isso, pelo contrário, sempre tentamos fazer com que a nossa mente se ocupe com alguma coisa.

Portanto, a vacuidade aponta a qualidade do agora de todos os fenômenos, estar no momento presente sem nenhum senso de coisas sólidas ou permanentes, a pura experiência da manifestação infinita da mente sem qualquer coisa para apontar ou segurar.

Quando consideramos o significado de vacuidade (e vamos examiná-lo com mais detalhes adiante), a palavra em sânscrito é *śūnyatā*. Um dos significados literais de *śūnya* é "vazio" e outro é "zero". Na matemática indiana, o símbolo zero é *śūnya*, mas ele tem um significado bem diferente de "zero" no Ocidente. Quando pensamos em zero, pensamos em "nada", mas, na Índia, o círculo de *śūnya*, ou zero, significa "plenitude", "completude" ou "totalidade". Da mesma forma, "vacuidade" não significa "nulidade", mas sim "plenitude" no sentido de potencial total — qualquer coisa pode acontecer na vacuidade e por causa da vacuidade. Muitas pessoas pensam que se nada existe realmente, como algo pode funcionar? Porém, Nāgārjuna disse que é precisamente por nada existir realmente que tudo funciona. Se tudo existisse verdadeiramente, existindo em si e por si mesmo e, portanto, sendo imutável, as coisas não dependeriam de nada. Mas então elas tampouco poderiam interagir entre si porque isso implica mudança. Portanto, é apenas devido ao fato de que todas as coisas mudam o tempo todo que interação e funcionamento são possíveis.

A raiz da palavra *śūnya* significa "inflar", o que implica a noção de um espaço vazio. Dessa forma, os fenômenos da realidade aparente parecem ser externamente reais e sólidos, enquanto, na verdade, assemelham-se a balões vazios que são apenas inflados pela nossa ignorância. Por meio da nossa ignorância, inflamos muitas não-coisas como se fossem coisas grandíssimas. Quando elas inflam, isso é o círculo ou o balão de *śūnya*. Assim, *śūnyatā* não é apenas o nada, mas qualquer coisa emergindo do espaço infinito dos fenômenos no qual nada pode ser apontado, mas qualquer coisa pode acontecer. Nesse sentido, *śūnyatā* significa o potencial completo para qualquer coisa surgir e também significa originação dependente. Tudo que parece ser real é apenas como balões inflados — bastante ar quente e não muito mais que isso, se é que há algo além disso. Isso é também o que aponta a etimologia de "inflar" para *śūnya*. Enquanto a nossa realidade aparente não é questionada, ela parece estar "inflada", mas quando refletimos e meditamos sobre a vacuidade, todos aqueles balões com os quais normalmente nos entretemos são perfurados e revelados como realmente são, que é apenas o ar quente dentro deles.

Quando olhamos para o conceito de zero na matemática, se tomarmos apenas um zero, parece não ser nada, mas muitos zeros após qualquer outro número significam muito, como em "cem", "mil" ou "um bilhão". Isso mostra que quantidades infinitas podem surgir a partir do zero. Por isso, ele não é apenas nada. Da mesma forma, vacuidade não é "nada", o que é repetidamente enfatizado em muitos textos budistas. No entanto, também não é "alguma coisa". Normalmente, pensamos que se um dado fenômeno não é alguma coisa, ele deve ser nada, e se não é nada, deve ser alguma coisa. Mas vacuidade é apenas uma palavra para apontar para o fato de que não importa o que falemos ou pensemos sobre alguma coisa, isso não caracteriza realmente de forma correta tal coisa, porque a nossa mente dualista fica presa a um extremo ou a outro. Assim, poderíamos dizer que vacuidade é como pensar fora da caixa, ou seja, fora da caixa do pensamento preto-no--branco ou dualista. Enquanto permanecermos no campo do pensamento dualista, sempre haverá existência, inexistência, permanência, extinção, bom e ruim. Dentro desse quadro de referência, nunca vamos além dele, não importa se somos religiosos, cientistas, budistas, agnósticos ou qualquer outra coisa. A vacuidade nos ensina que devemos sair completamente desse campo. A vacuidade aponta para a transformação mais radical de toda a nossa perspectiva com respeito a nós mesmos e ao mundo. Vacuidade não significa apenas o fim do mundo tal como o conhecemos, mas o fato de que esse mundo nunca realmente existiu em primeiro lugar. Se realmente entendermos o que isso significa, é tão assustador que podemos surtar ou ter ataques do coração como aqueles arhats. Não necessariamente, claro, porque também há relatos de pessoas que realmente entenderam o ponto e não tiveram ataques do coração. Ainda assim, o ponto principal é ousar adentrar o espaço infinito da ausência de base, que é assustador, porque questiona tudo o que somos e tudo o que pensamos.

Vacuidade, originação dependente e física quântica

De certo modo, os ensinamentos sobre vacuidade têm muitos paralelos com a física quântica. Físicos quânticos nos contam que não há realmente nenhum mundo lá fora, nem um corpo. Na verdade, não há muita coisa, isso se houver alguma coisa. Eles ainda estão procurando por *alguma coisa*, porque isso soa melhor e não temos que ficar assustados com o fato de que realmente não há absolutamente nada a que se agarrar. Quando os físicos falam sobre um campo quântico, ele consiste quase inteiramente de espaço e alguma energia dentro, nem mesmo há partículas. Eles podem falar de "partículas", mas esse termo já não se refere mais a nenhum tipo de substância, apenas a probabilidades estatísticas de relações. É exatamente disso que se trata a vacuidade, que significa dizer que não há absolutamente nenhum fenômeno singular que exista de forma independente por si mesmo. A descrição de um campo quântico é muito parecida com a fórmula do Sūtra do Coração: "Forma é vacuidade; vacuidade é forma. Vacuidade não é diferente de forma; forma não é diferente de vacuidade." Tudo está interrelacionado e mudando constantemente a cada momento e é, ainda assim, totalmente não apreensível.

Na física quântica, foi descoberto que, se um elétron ou uma partícula sutil em um extremo do universo muda, outra, no outro extremo do universo, também muda. Assim, não é que esse princípio da interdependência seja limitado a um certo domínio ou área no espaço, ele é verdadeiramente infinito e todo pervasivo. O Buddha disse o mesmo — originação dependente é uma teia infinita de causas e condições. No entanto, "causas e condições" não se referem a pequenas coisas que giram umas em torno das outras e fazem coisas, porque, se olharmos de perto, nenhuma delas pode ser realmente encontrada. Se não analisarmos todas aquelas causas, condições e seus resultados, tudo parece funcionar bem (pelo menos na maior parte do tempo). Mas quando olhamos mais profundamente para como as coisas na verdade funcionam ou o que as coisas realmente são, tudo fica bem nebuloso. Esse mesmo fenômeno é encontrado na física quântica também — quanto mais os físicos procuram e quanto mais partículas sutis encontram, essas partículas se tornam cada vez menores e mais elusivas, até não conseguirem mais sequer chamá-las de "partículas". Eles apenas designam nomes e esquemas para um processo contínuo, o que de certa forma congela esse processo inconcebível e constantemente mutável em alguma coisa um pouco mais tangível, como equações e fórmulas matemáticas. De forma semelhante, quando o Buddha falou da perspectiva da vacuidade, ele fez isso de forma parecida com os físicos falando sobre mecânica quântica, usando a fórmula: "Forma é vacuidade, vacuidade também é forma". Fundamentalmente, nunca podemos descrever exatamente o que está acontecendo. Podemos observar o processo no laboratório e dizer "uau!", e isso é tudo. Mais tarde, tentamos expressar o que aconteceu, da mesma forma como o Buddha fez, quando descreveu aos seus alunos como as coisas são da perspectiva do seu despertar para a realidade verdadeira.

OS TRÊS CICLOS DE ENSINAMENTOS DO BUDDHA

Expressando o inexprimível

A iluminação do Buddha foi como aquele momento "uau!" no laboratório, e, num primeiro momento, ele não quis falar sobre isso com ninguém. De acordo com o *Lalitavistarasūtra*, ele expressou este verso espontâneo:

> Eu encontrei um Dharma que é como néctar,
> Profundo, pacífico, livre de pontos de referência,

> luminoso e não condicionado.
> Caso eu o ensinasse, ninguém o entenderia.
> Assim, devo apenas permanecer em silêncio no meio da floresta.[2]

E isso foi o que ele fez por um bom tempo, obviamente, pensando que ninguém entenderia do que se tratava a sua realização da verdadeira natureza da mente. Porém, posteriormente, foi encorajado por outros a ensinar, e então não fez nada além disso pelos 45 anos restantes da sua vida. Isso pode parecer muito estranho — como ele pôde ensinar por quarenta e cinco anos algo que ninguém entenderia de qualquer maneira? Como o Buddha disse, a sua realização da natureza da mente é, de fato, inexprimível e inconcebível, mas isso não significa que seja completamente inacessível, o que é uma grande diferença. Ela é inconcebível, mas, ainda assim, há um caminho que nos leva a experienciar, em algum momento, exatamente aquela mesma realização. Ainda é inconcebível, mas a nossa experiência dela também é inconcebível. Com essa visão, bem como com a compaixão infinita e a capacidade de efetivamente mostrar aos outros como alcançar paz mental, o Buddha ensinou o que não pode ser ensinado. Obviamente, não podemos provar o sabor de uma comida deliciosa simplesmente por falar ou ouvir alguém falar sobre ela. Ainda assim, podemos nos inspirar a criar uma comida deliciosa para experienciar seu sabor. Da mesma forma, podemos nos inspirar a fazer algum esforço para experienciar o sabor da iluminação enquanto não confundimos as palavras com seus referentes.

O Buddha percebeu que há formas de comunicar seu despertar. Todas elas são instruções indiretas, mas, se as pessoas trabalharem com essas instruções nas suas mentes, elas poderão efetivamente realizar o que o Buddha realizou. Como o poeta budista indiano Aśvaghoṣa disse:

Introdução

> Usamos palavras para nos libertarmos das
> palavras
> Até atingirmos a pura essência livre de palavras.

Dessa forma, os ensinamentos budistas são como dedos apontando para a lua. O problema é que, se nos prendermos aos dedos, jamais veremos a lua. O Buddha ofereceu muitos dedos que apontam para a lua por quarenta e cinco anos, sempre apontando para aquela mesma lua, que não é nada além da verdadeira natureza da mente. A razão pela qual ele usou tantas indicações é que, se uma única pessoa aponta para a lua com apenas um dedo, poderíamos não chegar a vê-la. Mas se muitas pessoas apontarem para a lua com muitos dedos de todas as direções, é mais difícil não ver a lua. Esse é o motivo pelo qual o Buddha deu tantos ensinamentos diferentes, todos como dedos apontando de diferentes direções. Claro, uma vez que eles estão apontando de diferentes direções, muitas pessoas disseram: "Isso é exatamente o oposto do que ele disse outro dia". É verdade, mas ele estava apontando justamente para a mesma lua de outra direção. É como pedir a duas pessoas instruções para se chegar à Casa Branca, com uma delas estando à esquerda e a outra, à direita. A primeira pessoa vai apontar para a direita e a segunda para a esquerda. Se pensarmos que uma delas deve estar errada ou que estão se contradizendo, obviamente, perderemos o ponto principal (e a Casa Branca).

Para dar um pouco mais de contexto sobre o que aconteceu na carreira de professor do Buddha antes de ele ensinar o Sūtra do Coração: na tradição Mahāyāna, diz-se que o Buddha ensinou três ciclos de ensinamentos, chamados "rodas do Dharma". Essa é uma divisão em termos dos seus conteúdos, não em termos da sua sequência no tempo. O Buddha começou falando sobre a condição humana básica, também conhecida como as quatro nobres verdades. Ele começou falando sobre aquilo que mais gostamos — o sofrimento. Depois, ele falou sobre as causas do sofrimento ou a origem do sofrimento. Em seguida, falou que, na verdade, podemos interromper todo o nosso sofrimento e suas causas, que é a terceira verdade, a verdade da cessação do sofrimento. A quarta nobre verdade é o caminho, os métodos para alcançar o fim do sofrimento. Portanto, o Buddha não falou sobre vacuidade inicialmente, ele não ensinou os sūtras prajñāpāramitā no começo. É bem óbvio por que não — não haveria o budismo. Se ele tivesse ensinado algo como o Sūtra do Coração logo no início, as pessoas teriam simplesmente dito: "Você está maluco?", e teriam ido embora. Em vez disso, ao ensinar as quatro nobres verdades, o Buddha estava tentando preparar o terreno para *insights* mais profundos, tal como a vacuidade. Isso significa que ele primeiramente ensinou às pessoas sobre a nossa condição básica. Em menor ou maior medida, o sofrimento é comum a todas as pessoas, mas a maioria delas tenta repeli-lo ou ignorá-lo. Além disso, elas são ignorantes a respeito das causas do sofrimento, de que ele pode cessar para sempre e de que há meios para que ele cesse. Isso é o que o Buddha ensinou inicialmente no Parque dos Cervos em Sarnath, na Índia. Seu primeiro ensinamento foi para apenas cinco pessoas, seus companheiros nas práticas ascéticas antes de ele sentar-se sob a árvore bodhi e atingir a iluminação. Diz-se que esses primeiros cinco alunos do Buddha atingiram a liberação do saṃsāra (o estado de arhat) meramente por terem ouvido seus ensinamentos sobre as quatro nobres verdades.

O Sūtra do Coração pertence ao segundo ciclo de ensinamentos do Buddha. Esse ciclo consiste nos ensinamentos prajñāpāramitā e é chamado de "a roda do Dharma da ausência de características". Esse conjunto de ensinamentos foi oferecido numa montanha na Índia chamada "Montanha dos Abutres", que fica perto de Rājagṛiha, no atual estado de Bihar. No tempo do Buddha, essa cidade era a capital de um rei muito poderoso, que era amigo e patrocinador do Buddha. Quando o Buddha Śākyamuni ensinou o segundo ciclo dos seus ensinamentos, havia uma audiência enorme; os sūtras falam de milhares de monges e milhares de bodhisattvas, bem como de muitos seres não humanos, como deuses e outros alienígenas.

Se, em algum momento, você tiver a chance de ir à Montanha dos Abutres, vale a viagem. Se há algum lugar no mundo onde você pode ter um vislumbre da vacuidade apenas por estar lá, esse é o lugar para ir. Claro, isso é apenas a minha projeção, mas eu achei muito impressionante e não queria deixar o local, havia uma sensação de ter abandonado tempo e espaço.

De qualquer forma, naquele segundo ciclo de ensinamentos, o Buddha ensinou principalmente sobre *śūnyatā*, que nada é como parece. Ao mesmo tempo, também ensinou sobre compaixão, uma vez que ele disse que os seres sofrem devido à sua fixação às coisas como existindo da forma como aparecem. Eles se fixam a castelos no céu que nunca poderão satisfazer seus desejos por felicidade. Então, precisam despertar e ver o que está realmente lá e como buscar a felicidade de uma forma mais promissora. É nesse ponto que a compaixão entra, porque, se alguém como o Buddha percebe como as coisas realmente são e que os seres sofrem apenas por se agarrarem a aparências delusivas inexistentes, essa pessoa naturalmente desejará apontar para o fato de que tal sofrimento é unicamente baseado em uma percepção enganosa e é completamente desnecessário. Em última análise, o sofrimento samsárico é apenas um erro, como um defeito num programa de *software* — não deveria acontecer, mas acontece. Esse é o motivo pelo qual o Buddha ensinou por 45 anos. Embora tenha percebido que não poderia realmente comunicar o que havia experienciado, ele não poderia suportar ver todos esses seres imersos em sofrimento, o qual, da perspectiva de como as coisas realmente são, é completamente desnecessário e pode ser removido. Por isso, as duas principais coisas que o Buddha ensinou no segundo ciclo são vacuidade e compaixão.

No terceiro ciclo ele, também ensinou sobre vacuidade e compaixão, mas, além disso, falou sobre o que é chamado de "natureza búdica". De certo modo, se entendido corretamente, isso não é algo realmente diferente da vacuidade, mas se refere mais ao lado subjetivo de realmente experienciar ou viver a vacuidade em comparação à vacuidade como um mero objeto ou fato. Em outras palavras, a natureza de buddha fala sobre a vacuidade da nossa própria mente — a natureza da nossa própria mente, que é vacuidade e, ao mesmo, tempo é claridade, luminosidade, consciência e estado desperto. O terceiro ciclo também distingue entre o que tem significado expediente e o que tem significado definitivo em todos os ensinamentos do Buddha. Dessa forma, o terceiro ciclo esclarece todos os dedos que apontam para a lua, por assim dizer, como, por exemplo, se um certo dedo aponta dessa ou daquela forma, para não confundi-los ou vê-los como contraditórios.

Os ensinamentos como escrituras e realização

A definição geral de uma "roda do Dharma" é: "Os ensinamentos do Buddha, consistindo tanto de escrituras como de realização, que eliminam os fatores que obscurecem a liberação do saṃsāra e a onisciência de um buddha no fluxo mental dos seres a serem guiados". Assim, tal roda do Dharma ou ciclo de ensinamentos é apresentada como sendo dupla — o Dharma de realização e o Dharma das escrituras. Entre esses, o Dharma de realização é definido como "a realidade dos fenômenos purificados que são produzidos ao se familiarizar com a mente que discrimina completamente os fenômenos". Isso consiste na cessação do sofrimento e no caminho que leva a ela. Portanto, o

Dharma de realização é o ponto principal — ele se refere à nossa mente efetivamente se tornar a mente de um buddha, por ter sido ensinada pelas escrituras, por ensinamentos orais, vídeos do Dharma ou símbolos não verbais. Por isso, o Dharma mais importante é o Dharma de realização, o que significa tornar-se o mesmo ou experienciar o mesmo que o Buddha experienciou.

Um ponto interessante é que a natureza da roda do Dharma das escrituras é definida como "a mente do discípulo que aparece na forma da fala do Buddha (cujos principais tópicos são ou as causas, os resultados ou a natureza do nirvāṇa) ou aquela mente que aparece como as coleções de nomes, palavras e letras que servem como suporte para tal fala". Claro, essa é uma definição muito mais do ponto de vista da vacuidade ou da natureza relativa e subjetiva de todas as coisas. Ela não diz que há quaisquer textos materiais ou ensinamentos reais e externos a nós, ou buddhas externos a nos ensinar, ou qualquer som material chegando aos nossos ouvidos. Basicamente, como todas as outras coisas, a situação do ensinamento não ocorre em outro lugar além da nossa própria mente. É a nossa própria mente que ganha a forma dos textos, sons, buddhas e seus ensinamentos que aparecem para nós. Ainda assim, isso não acontece aleatoriamente por si mesmo, mas pela influência direcionadora da mente de sabedoria do Buddha. Em outras palavras, na dependência da condição dominante, que é a sabedoria onisciente de um buddha, e da condição causal que consiste nos fluxos mentais relativamente puros de certos seres a serem guiados, a roda do Dharma das escrituras não é nada mais do que a própria mente desses seres aparecendo para eles na forma de palavras e letras. Uma vez que os buddhas não têm nenhuma tendência latente que daria surgimento a alguma fala própria deles nem possuem a ignorância de fixar-se à mente interna como sendo sons externos, em última análise, tal roda do Dharma não é um ensinamento que resulta de algum desejo de um buddha de ensinar.

Portanto, no nível mais fundamental, quando um buddha ensina o Dharma, é um intercâmbio direto que ocorre mente a mente. Claro, para a maioria das pessoas, isso não aparece desse modo, por ser inacessível para os nossos sentidos comuns e para a nossa mente conceitual. Seres comuns como nós sempre precisam se apoiar em alguma forma, algum conceito ou alguma coisa. Não conseguimos perceber diretamente a mente de um buddha, senão já seríamos buddhas também. Por isso, precisamos de algum espelho ou de alguma comunicação "indireta". Podemos dizer que a mente de um buddha é espelhada na nossa mente, não diretamente, mas na forma de textos, ensinamentos, professores e assim por diante. Isso é o que serve como remédio para os nossos problemas e suas causas, tais como nossas ideias equivocadas, nossas estranhas emoções e as ações inábeis subsequentes.

Essa apresentação da roda do Dharma das escrituras mostra por que frequentemente se diz que, da perspectiva do próprio Buddha, ele, na verdade, nunca ensinou palavra alguma. Os sūtras dizem que o Buddha, do momento em que atingiu a iluminação até passar para o nirvāṇa, não pronunciou uma única palavra. Ao mesmo tempo, os textos dizem que esse não-falar satisfez as necessidades de todos os seres como uma chuva contínua de Dharma. Pois a mente do Buddha é refletida nas mentes dos outros seres, e, por meio dessa interação, certas coisas acontecem nas suas mentes, que podem aparecer como textos, ensinamentos ou todo o tipo de outras coisas que servem de instruções sobre suas mentes. O *Ratnāvalī* de Nāgārjuna afirma:

> Tal como um gramático
> Ensina, inicialmente, o alfabeto,
> O Buddha ensina o Dharma
> Exatamente como aqueles a serem guiados podem absorvê-lo.

> Para alguns, ele ensina o Dharma
> Para desviá-los do mal;
> Para alguns, de modo que alcancem méritos;
> Para alguns, ele ensina o que é baseado na dualidade;
>
> Para alguns, aquilo que é baseado na não-dualidade
> Para alguns, aquilo que é profundo e assustador para os temerosos;
> E, para alguns, o instrumento para a iluminação,
> Que é a vacuidade com um coração de compaixão.[3]

Aqui podemos ver toda a variedade dos ensinamentos budistas. Seres diferentes receberam ensinamentos bem diferentes. Todos esses ensinamentos são como dedos apontando para a lua, mas alguns dedos apontam mais diretamente e outros mais indiretamente, e a maneira de apontar também depende da capacidade daqueles seres.

PRAJÑĀPĀRAMITĀ — SABEDORIA PERFEITA TRANSCENDENTE

Como todos os sūtras prajñāpāramitā, o Sūtra do Coração pertence ao segundo ciclo de ensinamentos do Buddha, os ensinamentos sobre vacuidade (ou prajñāpāramitā), também chamado de "a roda do Dharma da ausência de características". Como o Sūtra do Coração afirma:

> Portanto, Śāriputra, todos os fenômenos são vacuidade, sem características...

Então, o que é prajñāpāramitā? Basicamente, ela significa "perfeição da sabedoria" ou "perfeição da visão". Os sūtras nunca dizem "perfeição da vacuidade" ou "perfeição da natureza dos fenômenos". Em termos de sujeito e objeto, a vacuidade ou a natureza dos fenômenos está mais para o lado do objeto no que se refere ao que deve ser realizado. Claro, não há nada a ser aperfeiçoado de forma alguma na vacuidade ou na natureza dos fenômenos, ela é naturalmente perfeita em si mesma. Porém, há muito a ser aperfeiçoado na nossa compreensão e na nossa realização da vacuidade ou da natureza dos fenômenos, na nossa visão sobre como as coisas verdadeiramente são. Essa visão é chamada *prajñā*, que significa ver como as coisas verdadeiramente são por meio da sua discriminação precisa e completa. Quando essa visão alcança seu ponto mais alto, ela é chamada *prajñāpāramitā*, "a perfeição de prajñā". Portanto, prajñāpāramitā refere-se tanto à fruição ou ao resultado — a completa perfeição daquela visão — quanto ao processo de chegar a tal perfeição. Quando falamos sobre prajñāpāramitā, estamos falando sobre a nossa mente e sua capacidade básica de perceber como as coisas verdadeiramente são além das aparências superficiais. O meio para alcançar essa realização é por meio do exercício de prajñā, que não é algo que temos que reinventar ou importar de algum lugar. Ela está presente na mente de todos e apenas precisa ser desenvolvida até seu completo florescimento. O estado búdico significa ter desenvolvido o potencial básico de cada ser senciente até seu completo amadurecimento.

Prajñā não se refere a um conhecimento passivo, como conhecer fatos do *Livro Guinness dos Recordes* ou saber como ir de Seattle a Nova York. Em vez disso, prajñā é a curiosidade ativa da nossa mente, a curiosidade básica de querer saber e descobrir como as coisas realmente são. Essa é a essência de prajñā. Se olharmos para a trajetória do próprio Buddha, foi exatamente dessa forma que ele começou. Ele não começou pelas respostas ou seguindo alguma religião, tradição ou código de comportamento. Ele começou com perguntas. Como príncipe Siddhārta, ele vivia uma existência protegida no palácio dos pais, que aspiravam protegê-lo do mundo perverso (como todos os pais fazem). Porém, em algum momento, ele saiu com seu cocheiro e viu coisas que nunca tinha visto antes, como uma pessoa velha. Ele apontou para ela e perguntou ao cocheiro: "O que é isso?" e o cocheiro respondeu: "Isso é uma pessoa velha" Siddhārta continuou: "Isso acontecerá com todas as pessoas?". "Sim, até mesmo com você". O mesmo diálogo ocorreu quando Siddhārta viu uma pessoa morrendo e uma pessoa doente. Na vez seguinte, ele viu um meditante sob uma árvore, e o cocheiro explicou: "Esse cara está tentando superar todos os problemas que você viu antes". A cada vez, Siddhārta percebia: "Eu realmente não sei o que está acontecendo aqui", e tentava descobrir.

Essa é a marca registrada do caminho budista — tentar descobrir o que está realmente acontecendo a cada momento, o que está acontecendo na nossa mente, o que está acontecendo no nosso ambiente e o que está acontecendo com outras pessoas. Dessa forma, prajñā implica inteligência básica, inteligência no seu significado original, que é *insight* profundo e a capacidade de minuciosamente discriminar e distinguir as coisas. De um ponto de vista budista, há níveis diferentes de prajñā — prajñā mundana e prajñā supramundana. A primeira é qualquer forma de *insight* ou sabedoria que não tenha a ver com o caminho budista, como aprender coisas na escola ou ser um cientista. Prajñā supramundana é o fator mental principal, que é a força motriz ou o motor no caminho budista. Diz-se que prajñā é a própria essência do caminho budista, pois esse caminho busca entender como as coisas realmente são. Portanto, prajñāpāramitā é a forma mais elevada da prajñā supramundana, por ser a mais elevada de todas as prajñās, por focar na realidade última e por nos fazer prosseguir para o grande nirvāṇa de não permanecer nem no saṃsāra nem no nirvāṇa limitado de liberação e paz pessoais. Em outras palavras, ela dissolve todos os nossos pontos de referência ordinários e ideias rígidas, fazendo-nos transcender o mundo como o conhecemos, com todos os seus problemas e sofrimentos. Outro significado de prajñāpāramitā é "visão transcendente". O que estamos transcendendo? Transcendemos todas as nossas preocupações e os nossos problemas ordinários, que também são conhecidos como saṃsāra. Para onde estamos indo? Como é comum no budismo, diferentes pessoas dão respostas diferentes. Algumas pessoas dizem que não estamos indo a lugar algum, porque não há lugar algum para onde ir. Ir a algum lugar significaria sair da nossa mente. De fato, o caminho budista realmente não busca chegar a lugar algum.

Embora "caminho" faça parecer que começamos em algum lugar e depois terminamos em outro lugar enquanto estamos caminhando entre esses dois pontos, "caminho" no budismo é um sinônimo para "mente". O caminho se refere ao processo mental de desenvolver ao máximo o nosso potencial humano básico. Por isso, o caminho é algo que acontece internamente, não do lado de fora. Estarmos ou não no caminho budista não é tão determinado por aquilo que falamos ou dizemos, mas principalmente por aquilo que está acontecendo na nossa mente.

Prajñāpāramitā também pode ser entendida como "ter ido além" ou "ter ido para a outra margem". Tradicionalmente, diz-se que estamos constantemente nos afogando no grande oceano do saṃsāra com todos os seus muitos tipos de sofrimento. A outra margem, quando atravessarmos esse oceano, é chamada de "nirvāṇa". Essa é uma explicação que ainda é obviamente bastante dualista ao dizer: "Primeiro estamos num lugar, depois temos que atravessar esse oceano e, finalmente, estaremos em outro lugar". Por isso, essa é uma descrição provisória. Uma forma mais sutil de entender isso é que "ter ido além" não significa realmente ir a algum lugar, mas sim ter uma mudança completa de perspectiva. Permanecemos exatamente no mesmo "lugar", se houver algum, mas mudamos completamente nossa perspectiva do que acontece naquele lugar e, também, daquele lugar em si mesmo. O budismo frequentemente fala sobre terras puras ou reinos búdicos, mas eles não existem realmente em algum lugar lá fora, eles estão na nossa mente. Depende do nosso estado mental estarmos num reino búdico ou não. Todos nós temos vislumbres disso, de vez em quando, quando estamos de muito bom humor e tudo parece ser maravilhoso e completamente perfeito, o que é como um reino búdico. Mas, quando estamos num humor muito ruim, mesmo que o sol esteja brilhando e todos sejam legais conosco, ainda assim, nos sentimos como um ser no inferno.

A espada flamejante de prajñā — interesse afiado, iluminador e compassivo

Como o interesse e a curiosidade básicos da nossa mente, prajñā é tanto precisa quanto lúdica ao mesmo tempo. Iconograficamente, ela é representada com frequência como uma espada flamejante de lâmina dupla extremamente afiada. Uma espada como essa obviamente precisa ser manuseada com grande cuidado, e pode até mesmo parecer um tanto ameaçadora. Prajñā é, de fato, ameaçadora para o nosso ego e para os nossos estimados sistemas de crença, uma vez que abala nossa própria noção de realidade e nossos pontos de referência a partir dos quais construímos o nosso mundo. Prajñā questiona quem somos e o que percebemos. Uma vez que essa espada corta dos dois lados, ela não serve apenas para cortar em pedaços nossa realidade aparentemente tão sólida e objetiva, mas também atravessa o experienciador subjetivo de tal realidade. Dessa forma, ela é também o que nos faz enxergar além das viagens egoicas e da autoexaltação.

É necessário algum esforço para continuamente nos enganarmos sobre nós mesmos. Prajñā significa sermos descobertos por nós mesmos, e requer um olhar honesto para os jogos que jogamos.

Por isso, prajñā se torna ainda mais importante conforme progredimos no caminho, porque nossas viagens egoicas apenas se tornam mais sofisticadas. No início, quando não somos espiritualizados, nosso ego apenas pensa: "Eu sou muito bom". Mas depois, quando nos tornamos espiritualizados, nosso ego pensa: "Agora eu também sou espiritualizado! Agora estou no caminho! Agora sou um budista! Agora eu posso realizar a vacuidade e desenvolver grande compaixão e todas aquelas qualidades de um buddha!". É óbvio que alguma coisa precisa ser feita a respeito disso, que é o trabalho de prajñā. Ela tem essa qualidade de autoverificação. Sempre que saímos do caminho e sempre que o balão da nossa autoexaltação se torna grande demais, prajñā simplesmente estoura o balão e nos traz de volta para onde estamos. Poderíamos dizer que prajñā é um recurso para ficarmos sóbrios, razão pela qual não é tão popular, pois normalmente curtimos ficar intoxicados por nossas viagens egoicas no saṃsāra. Prajñā atravessa todas as nossas tentativas de ganhar algum crédito por ser um bom budista, por estar no caminho, ou ter atingido algo. Os sūtras prajñāpāramitā descrevem todos os tipos de situações no caminho nas quais os bodhisattvas podem ficar presos. A cada vez, os sūtras dizem: "Você não pode realmente se segurar nisso também. Não importa o quanto você ache que aquela coisa é boa, não importa o quanto ache que é maravilhosa, não importa o quanto uma visão possa ser fantástica, desapegue-se e siga adiante".

Prajñā também inclui a qualidade da compaixão, mas é um tipo de compaixão um tanto impiedosa, uma vez que atravessa tudo que seja necessário. Não é o tipo de "compaixão idiota" que apenas quer que nos sintamos melhor, mas sim que atravessa aquilo que precisa ser exposto ou aquilo de que precisamos nos desapegar. Em resumo, prajñā questiona tudo o que somos, tudo o que pensamos, tudo o que percebemos e tudo o que valorizamos. Prajñā é a destruidora derradeira do nosso sistema de valores, que é outra razão pela qual não é tão popular. Portanto, prajñā atravessa não apenas a delusão, mas também quaisquer tentativas ardilosas do nosso ego de querer ganhar créditos por estar no caminho do bodhisattva ou algo parecido. Como os sūtras prajñāpāramitā nunca cansam de enfatizar, quaisquer fantasias coloridas de realizações espirituais personalizadas devem ser vistas claramente e reconhecidas como sendo tão sem base como qualquer outra coisa. Essa qualidade de holofote de prajñā é simbolizada pelas chamas na espada iluminando nossos pontos cegos.

Dessa forma, prajñā funciona como um holofote de palco, iluminando o ator principal. Nos nossos dramas pessoais, o ator ou atriz principal é naturalmente sempre "eu", e depois vêm os atores coadjuvantes, a quem chamamos de "outros". Prajñā serve para identificar e evidenciar esse ator principal "eu", mas o problema aqui é que o ator principal é o ponto cego no espetáculo. É claro que o ator principal não percebe isso (e geralmente, também nem quer perceber), mas, por intermédio, de prajñā, esse ator "eu" vai se tornar um pouco mais consciente de si mesmo, porque o holofote lança luz sobre ele ou ela o tempo todo. Há uma sensação de não haver escapatória. Não podemos mais nos esconder de nós mesmos ou fingir que estamos inconscientes do que se passa na nossa mente.

De modo geral, a ignorância é de dois tipos. O tipo passivo é não saber alguma coisa e então procurar no Google, mas há também uma parte ativa na ignorância, que significa que *não queremos* ver ou saber, mesmo se pudéssemos. Em especial, com frequência, não queremos saber o que está se passando na nossa mente ou o que está guardado em seu depósito. Como alguém recentemente me disse: "Minha mente é como uma má vizinhança, eu normalmente evito ir lá sozinha". Isso é a nossa ignorância ativamente evitando nossa própria mente, evitando outras pessoas, situações difíceis, e assim por diante. Prajñā também funciona como o antídoto direto para essas tendências mais ativas da nossa ignorância, que não quer que olhemos muito de perto para nós mesmos e para o que fazemos. Nesse sentido, prajñā envolve tanto uma qualidade iluminadora como um senso de coragem para encarar o que quer que esteja acontecendo na nossa própria mente e em qualquer situação, por isso precisamos de alguma coragem para realmente segurar a espada de prajñā e manejá-la com habilidade.

Na maior parte do tempo, pensamos que conhecimento ou visão significa ter todas as respostas corretas, mas prajñā tem mais a ver com fazer as perguntas corretas. Com frequência, a pergunta é a resposta, ou até muito melhor do que qualquer resposta. Muitas vezes, uma resposta apenas produz dez novas perguntas, e tentar encontrar todas as respostas corretas pode simplesmente criar mais pontos de referência na nossa mente com mais rigidez e problemas. Podemos pensar: "Agora entendo isso muito bem.", mas isso frequentemente apenas significa expandir o território do nosso Planeta Ego, porque "Eu sei", "Eu entendi". Simplesmente adicionamos mais itens à nossa coleção de coisas que "sabemos". Esse é o motivo pelo qual o Zen fala sobre a "mente que não sabe". É claro que isso não significa simplesmente ser estúpido, mas sim abandonar a tentativa de possuir alguma coisa, abandonar o "nosso" conhecimento e abandonar as "nossas" realizações. Se de fato tivermos certas visões e realizações, não vamos perdê-las de qualquer modo, mas se nos agarrarmos a elas e ficarmos vaidosos, elas se tornarão um problema.

Deixar prajñā se revelar de forma natural significa dar ao nosso interesse básico mais espaço para o seu frescor aguçado natural e começar o próprio processo de investigação em vez de seguir o caminho habitual. Os ensinamentos sobre prajñāpāramitā são uma mensagem clara para não restringir prajñā ao mero rearranjo ou à expansão da nossa teia de categorias dualistas. Assim, os sūtras prajñāpāramitā afirmam:

> Se você pensa: "Eu cultivo prajñā.", "Prajñā é isso."
> ou "É por causa de tal e tal coisa.", isso pode até ser
> prajñā, mas não é prajñāpāramitā.

Uma vez que prajñāpāramitā significa encontrar diretamente a realidade última, ela é a principal via para a liberação e a onisciência. Por isso, estar imerso nela é explicado como sendo a mais elevada de todas as práticas e realizações. Esse é o motivo pelo qual suas qualidades, bem como seu impacto profundo e de vasto alcance em nossas mentes, são repetidamente enaltecidas nas escrituras e nunca é demais enfatizá-los. Elas declaram que repousar por um único momento em prajñāpāramitā gera um mérito muito maior do que — e de fato inclui — todas as outras pāramitās, como a generosidade. O *Sūtra Brahmaviśeṣacintipariprcchā* declara:

> Não refletir é generosidade.
> Não permanecer em qualquer diferenciação é ética.
> Não fazer nenhuma distinção é paciência.
> Não adotar ou rejeitar coisa alguma é vigor.
> Não estar apegado é samādhi.
> Não conceitualizar é prajñā.

Obviamente, isso é bem diferente das explicações usuais sobre o que são as seis pāramitās. Aqui elas são apresentadas em termos das suas conexões com a prajñāpāramitā ou o modo como se manifestam como prajñāpāramitā. Generosidade é não refletir, o que significa agir espontaneamente para o benefício dos outros sem premeditação ou viés. Ética significa não permanecer em qualquer diferenciação em termos do que é um comportamento apropriado ou inapropriado. Se fizermos essas diferenciações, ainda seremos tendenciosos; não é ética ou disciplina budista adequada uma vez que ainda estamos fixados em fazer ou não fazer. Do ponto de vista de prajñā, ainda estamos presos no dualismo. Paciência verdadeira significa não fazer qualquer distinção entre o que nos prejudica e o que nos beneficia ou entre condições favoráveis e desfavoráveis, mas sim repousar na igualdade de todos os fenômenos. Vigor, ou esforço jubiloso, significa não ficar preso ao adotar o que é considerado virtuoso e rejeitar o que é considerado não virtuoso, mas sim engajar-se em atividades para o benefício dos outros como a expressão natural de ter realizado a vacuidade, igualdade e pureza primordial de todos os fenômenos. Samādhi é equilíbrio meditativo no sentido de a mente descansar livremente em si mesma sem coisa alguma à qual se agarrar, sem sentir atração ou aversão a coisa alguma e sem qualquer necessidade de obter ou fugir de qualquer coisa. Prajñā significa não conceitualizar "as três esferas" de agente, objeto e interação com respeito a qualquer coisa (como um doador, um recebedor e o ato de dar). Assim, é completamente livre de quaisquer pontos de referência e discursividade. Se nos engajarmos nas pāramitās dessa forma, estaremos unindo as duas realidades — a realidade última e a realidade aparente ou relativa.

Também se afirma que repousar na prajñāpāramitā é muito superior a qualquer estudo, reflexões ou outras meditações no Dharma, mesmo que essas sejam praticadas por muitos éons. Também é a forma suprema de fazer oferendas, de tomar refúgio nas três joias, de gerar bodhicitta e de purificar todas as negatividades. Tanto os sūtras como os seus comentários descrevem muitos sinais que indicam crescente familiaridade e relaxamento com a prajñāpāramitā. Em resumo, somos capazes de ver muito mais claramente qualquer situação e de lidar de forma mais cuidadosa e compassiva tanto com nós mesmos quanto com os outros. Nós nos engajamos com atenção plena em ações virtuosas, as aflições enfraquecem, o Dharma é praticado sinceramente, e as distrações são abandonadas. A fixação em geral diminui, em especial, o apego a esta vida.

Sobre o lado positivo de prajñā destruir ou minar tudo o que sabemos e da necessidade de abandonar todos os conceitos, o ponto principal é chegar a um estado de mente no qual não temos fixações. Talvez por apenas uma fração de segundo, não tentamos atingir nada ou evitar coisa alguma. Nesse ponto, não pensamos: "E agora?". Precisamos olhar para aquele estado de mente em que não nos seguramos em nada, em que não temos agenda alguma e, então, ver como ele é. Vacuidade não tem a ver com alguma coisa chamada "vacuidade" que temos que realizar, mas sim com o desapegar-se de qualquer coisa que nos impeça de realizar o que, de fato, é a verdadeira natureza da nossa mente. A natureza da mente é algo extremamente simples e extremamente íntimo. Esse é o problema, pois não gostamos de coisas simples. Sempre gostamos de coisas sofisticadas, quanto mais sofisticadas melhor. Esse é o motivo pelo qual criamos todas as nossas ideias preconcebidas e pontos de referência, nossos valores e sistemas de crenças. Mais cedo ou mais tarde, ficamos perdidos e nem conhecemos mais nossa própria mente. Os ensinamentos sobre vacuidade (e prajñāpāramitā como aquilo que realiza a vacuidade) tentam fazer com que retornemos ao estado natural da nossa mente, livre de todas as construções artificiais que ocorrem nela. Não precisamos criar a natureza da mente ou alterá-la de forma alguma. A única coisa a fazer é desconstruir ou desapegar-se das nossas construções, derrubando nossos castelos de areia mentais e não nos apegando a eles.

A Mãe Prajñāpāramitā — intuição que inclui o intelecto

Iconograficamente, prajñāpāramitā é representada como uma deidade feminina. Ela é da cor amarela, senta-se na posição de pernas cruzadas e tem quatro braços, com a mão superior esquerda segurando um texto, a mão superior direita levantando uma espada flamejante e os dois braços inferiores no gesto de meditação. Isso representa, respectivamente, os três tipos de prajñā: do conhecimento por meio do estudo; do atravessar e iluminar a delusão; e da visão direta sobre a verdadeira natureza de todos os fenômenos. Essas também são chamadas de prajñās resultantes do estudo, da reflexão e da meditação, que representam uma progressão das formas conceituais e grosseiras de prajñā para a sua forma mais sutil e não conceitual.

PERGUNTA: Quando o Sūtra do Coração afirma "nem ignorância, nem extinção da ignorância, até nem envelhecimento e morte e nem extinção de envelhecimento e morte", e assim por diante, a intenção é nos ajudar a ultrapassar o nosso pensamento dualista e nos livrar dele? Para mim, é útil quando digo essas palavras, e isso me leva a esse lugar misterioso, que não admite respostas e que, de alguma forma, é tranquilizador. Você pode falar um pouco sobre isso?

KB: *Magical Mystery Tours*?[4] Sim, definitivamente esse é um dos objetivos do Sūtra do Coração — ultrapassar os nossos conceitos usuais. Na verdade, isso ocorre em muitos diferentes níveis, uma vez que há conceitos mais grosseiros e outros mais sutis. Mas, mesmo em um nível bem grosseiro de conceitos, apenas dizer "nem olhos, nem ouvidos, nem nariz", e assim por diante, já é bem contrário ao que normalmente pensamos. Não pensamos em termos de "nem olhos, nem nariz, nem ouvido". Mesmo nesse nível superficial, as palavras do sūtra vão contra o padrão das nossas tendências habituais e abalam o nosso mundo.

É aí que começamos a furar nosso casulo de delusão que, do contrário, parece tão sólido e firmemente tecido. Mesmo um pequeno furo deixa entrar um pouco de ar fresco e de luz no nosso casulo estagnado e sombrio, que é o primeiro passo na direção da liberdade. Quanto mais avançamos, mais profundo fica e podemos conectar isso com contemplação mais profunda e análise, penetrando, assim, o que "nem olhos, nem ouvidos, nem nariz", na verdade, significam, e como isso se relaciona com as nossas tendências profundamente arraigadas de tomar as coisas como sendo sujeitos e objetos realmente existentes. Ao mesmo tempo, podemos usar a recitação dessas palavras como uma meditação direta, porque podemos olhar para a nossa mente enquanto as repetimos. Como a nossa mente reage quando dizemos "nem olho, nem ouvido, nem nariz"? Ela surta? Ela demonstra resistência? Ela apenas fica entediada? Nenhum dos ensinamentos budistas, e o Sūtra do Coração não é exceção, foi projetado como mero objeto de estudo, mas sim como espelho que reflete a nossa mente. Por isso, o ponto mais importante sempre que estudamos, recitamos ou refletimos sobre algo é observar como a nossa mente reage àquilo enquanto faz a observação.

PERGUNTA: Eu me pergunto por que o sūtra é frequentemente recitado ou cantado em um único tom, como é feito em inglês ou japonês?

KB: Existem tradições diferentes. Eu não posso falar muito sobre a tradição Zen, mas a versão em inglês parece seguir a forma mais recitada nessa tradição. Embora seja em um único tom, se o fizermos corretamente, no ritmo certo, por assim dizer, na verdade, tem muito poder. Pode ser totalmente entediante ou pode ser muito poderoso, como uma batida de tambor, mesmo sem o tambor. Depende de nós se ele será um eletrizante chamado ao despertar ou apenas algo que nos põe para dormir.

PERGUNTA: Minha percepção é que, ao evitarmos modulações de voz, não sobrepomos qualquer significado ao texto além de sua essência, seja ela qual for.

KB: Isso é verdade, poderíamos ver o tom único não apenas *simbolizando* a vacuidade e a igualdade de todos os fenômenos, mas como um portal para efetivamente *experienciar* algum senso de igualdade e "o som da vacuidade", que é a mensagem essencial do sūtra. De novo, é importante observar a sua mente enquanto recita o sūtra dessa forma e observar como a sua mente ressoa (tanto no sentido literal quanto metafórico) com o som, o ritmo, as palavras e o seu significado.

PERGUNTA: Se os buddhas não pronunciam uma única palavra, como eles se comunicam com os seres sencientes?

KB: Depende da sua visão, mas, do ponto de vista Mahāyāna, há diferentes níveis de comunicação entre alguém como um buddha e seres sencientes. O nível mais superficial é por meio da fala ou de gestos físicos, mas o nível mais fundamental é entre uma natureza búdica e outra, ou seja, a natureza búdica de um buddha comunicando com a nossa natureza de buddha. É aí que o verdadeiro espetáculo ocorre. Qualquer outra coisa que pareça estar acontecendo no nível mais convencional em termos de fala, palavras, letras, e assim por diante, é como um espelho. É óbvio que, para os seres sencientes comuns, é muito difícil (embora não totalmente impossível) ter uma comunicação direta consciente entre a natureza búdica de um buddha e a sua própria natureza búdica, então, é necessário haver algum tipo de "espelho" para isso. Dessa forma, todos os ensinamentos como os conhecemos são como espelhos para a nossa própria natureza búdica. Qualquer texto que vemos, qualquer ensinamento que ouvimos, quaisquer professores que encontramos são como espelhos. Então, não deveríamos ficar fixados em apenas olhar para eles, mas sim olhar para a nossa mente na interação com o ensinamento e com os professores.

A maneira pela qual seres comuns interagem com buddhas ou com a natureza búdica durante a maior parte do caminho é a mente do aluno assumindo a forma do ensinamento. Desse ponto de vista, algo como esse pedaço de papel com suas letras não é algo realmente externo ou material, mas é a nossa própria mente aparecendo na forma do que chamamos de "papel". Quando olhamos para esse papel com algum ensinamento budista nele, ele está tentando nos dizer para nos voltarmos para a nossa própria mente. O mesmo vale para a meditação. Por exemplo, se visualizamos uma deidade, isso também é um espelho para a natureza da nossa mente. Por fim, quando não precisamos mais de um espelho, mas vemos nossa mente ou nossa natureza búdica como ela é, somos buddhas.

Em geral, quando olhamos para um espelho, não estamos muito interessados no espelho em si, mas sim naquilo que queremos ver no espelho, normalmente nosso rosto. Da mesma forma, quando olhamos para os ensinamentos ou para um professor, o ponto principal é o que vemos em nós mesmos e não tanto o que vemos "lá fora". Esse é o ponto principal do ensinamento budista, que deve sempre ser aplicado à nossa mente. É por isso que ele não é realmente uma filosofia ou alguma teoria. Não importa qual é o ensinamento, trata-se de algo a ser integrado e realizado na nossa mente. Afinal, esse era o projeto do Buddha, mostrar às pessoas a natureza das suas mentes por meio da própria experiência e do engajamento delas.

PERGUNTA: Essa é uma pergunta sobre como percorrer a linha entre o relativo e o absoluto. Às vezes acho que não tenho bodhicitta, que me falta devoção, ou simplesmente me comporto mal segundo as recomendações do budismo. Depois, eu me sinto muito frustrada, mas, às vezes, acho que quando reflito sobre os ensinamentos referentes à vacuidade, consigo, de repente, relaxar. Porém, não tenho certeza se essa é a abordagem correta. Digamos que eu não tenha bodhicitta e me esforce muito, mas nada surja. Então eu digo: "Tudo bem, deixa pra lá, isso é apenas vacuidade, por que se esforçar tanto?". Depois, eu me sinto relaxada, mas há também alguma incerteza se essa abordagem, na verdade, vai me ajudar ou me prejudicar ainda mais.

KB: Fundamentalmente, nunca é errado relaxar, em especial no caminho budista. A tradição Mahāmudrā diz que aqueles que mais relaxam terão a melhor meditação, aqueles que relaxam em um grau mediano, terão uma meditação mediana, e você pode imaginar o que ocorre com o resto. O relaxamento é de fato o objetivo da vacuidade, acredite nisso ou não. A experiência da vacuidade é o estado de mente mais relaxado que podemos ter. Por isso, se acessarmos ou nos conectarmos com ele, de modo algum isso é errado, porque isso é o que a natureza da nossa mente é — abertura fundamental, tranquilidade e expansão. Nessa natureza da mente, não há nada que tenhamos que fazer ou que não devêssemos fazer. Obviamente, isso é muito diferente de confundir vacuidade com algum estado de indiferença, no qual não nos importamos com coisa alguma. Além disso, até que sejamos capazes de realizar esse estado último, todas as práticas budistas relativas são apoios que estão voltados para nos ajudar a relaxar dessa forma mais fundamental.

Assim, falando de forma prática, trazer a visão última ou o aspecto da vacuidade para as práticas relativas não necessária ou primariamente significa analisá-las de maneira lógica em termos da sua falta de natureza intrínseca, mas significa relaxar a respeito do que estamos fazendo e não sermos tão rígidos, viciados em trabalho e voltados ao sucesso instantâneo. Também temos que ver se essas práticas nos ajudam a relaxar de modo efetivo ou se nossa mente apenas fica mais paranoica e tensa. Se isso ocorrer ou se ficarmos totalmente frustrados, essa é uma indicação clara de que é hora de relaxar.

Enquanto estivermos no caminho, certamente é muito difícil unificar os dois níveis de realidade (absoluta e relativa ou aparente) o tempo todo. É por isso que oscilamos de um lado para o outro entre as duas, enfatizando a relativa e, às vezes, a absoluta. No caminho, está bem que seja assim, porque, ao acontecer desse modo, elas se reforçam. Se estivermos cansados ou frustrados, relaxamos e paramos de tentar com tanto esforço. Assim que estivermos relaxados, podemos reiniciar, nossas práticas relativas e, de forma ideal, até levar um pouco do nosso relaxamento para a próxima tentativa em qualquer prática que façamos. Esse é o modo de integrar visão e conduta ou as duas verdades. Se fizermos todas essas práticas no budismo sem estarmos relaxados pelo menos até certo ponto, elas não funcionarão muito bem. O caminho budista não é algum tipo de programa de doze passos. Ele é projetado para ajudar a nossa mente a relaxar. Além disso, não precisamos praticar cada um dos muitos métodos do budismo. Às vezes, se uma prática realmente não funciona para nós e nossa mente fica apenas mais e mais tensa, talvez precisemos de outro método.

Prajñāpāramitā como base, caminho e fruição

Agora, para continuar com uma apresentação mais detalhada da prajñāpāramitā, os textos normalmente distinguem quatro tipos ou aspectos de prajñāpāramitā. Ou seja, ao dizermos "prajñāpāramitā", isso significa uma de quatro coisas: (1) prajñāpāramitā natural, (2) prajñāpāramitā escritural, (3) prajñāpāramitā do caminho, ou (4) prajñāpāramitā da fruição. O *Prajñāpāramitārthasaṃgraha*, de Dignāga, as descreve como segue:

> Prajñāpāramitā é sabedoria não dual,
> Que é o Tathāgata.
> Em virtude de estar conectada a esta realidade

a ser realizada,
É também o termo tanto para as escrituras como para o caminho.⁵

Prajñāpāramitā natural é a sabedoria não dual, que é o mesmo que fruição — um buddha ou tathāgata. Em virtude de estar conectada à sabedoria natural da mente e sua manifestação completa (o que deve ser realizado), as escrituras relacionadas a prajñāpāramitā e ao caminho que leva à fruição também são denominadas "prajñāpāramitā." De acordo com o comentário do Oitavo Karmapa sobre os sūtras prajñāpāramitā, (1) *prajñāpāramitā natural* ou *real* é definida como "talidade, que nunca é outra coisa e leva o nome de 'sabedoria livre da dualidade entre apreendedor e apreendido'". Assim, há dois aspectos da prajñāpāramitā natural. Por um lado, é a natureza verdadeira de todos os fenômenos, mas não é apenas um objeto. Também é aquilo que percebe a sua natureza — a sabedoria não conceitual e não dual na qual não há separação entre sujeito e objeto ou entre aquele que percebe e o que é percebido. Quando essa talidade é obscurecida por vários elementos condicionados, ela recebe o nome de "o elemento básico que é o coração do sugata". Em outras palavras, o Karmapa diz que a natureza de buddha e prajñāpāramitā natural são apenas nomes diferentes para a mesma coisa.

Uma vez que essa sabedoria natural ou natureza de buddha tenha se liberado de todos os seus grilhões ou obscurecimentos, ela é chamada de (4) *prajñāpāramitā da fruição* — a sabedoria do tathāgata, que é inseparável do dharmakāya ou do estado búdico. Portanto, essa sabedoria não dual já existe em todos os seres sencientes como a prajñāpāramitā natural e é meramente descortinada no caminho.

(2) A *prajñāpāramitā escritural*, que ensina esse significado, é "a mente que aparece como a reunião de nomes, palavras e letras

e pode ser observada nas consciências dos discípulos, as quais geram aparências dualistas". Essa definição de prajñāpāramitā escritural é similar à definição anterior de Dharma das escrituras. Novamente, as escrituras não são consideradas matéria, como tinta e papel, mas aquilo que aparece como tal pela influência de um buddha ou um de bodhisattva nas mentes daqueles alunos que ainda experimentam aparências dualistas, pois essa é a única forma pela qual eles podem perceber os ensinamentos, nesse caso, os sūtras prajñāpāramitā e seus comentários.

(3) A *prajñāpāramitā do caminho* é "a prajñāpāramitā que surge como a natureza da sabedoria não conceitual ao repousar no equilíbrio meditativo". A rigor, isso ocorre apenas a partir do primeiro bhūmi dos bodhisattvas. Porém, num sentido mais amplo, ela se refere a qualquer visão, mesmo um vislumbre, da natureza dos fenômenos desde o início do caminho. Claro que, no início, essa sabedoria ou visão não é não conceitual, ela ainda é conceitual. Apesar disso, ela é referida como prajñā, embora ainda não seja a pāramitā de prajñā. É como uma prajñā bebê, que precisa crescer.

Às vezes, os textos também falam sobre um mero reflexo de prajñāpāramitā, que se refere às sabedorias dos śrāvakas e pratyekabuddhas. Os sūtras prajñāpāramitā dizem que śrāvakas e pratyekabuddhas também não confiam em nada além da prajñāpāramitā na sua prática, mas não estão conscientes de que se trata de prajñāpāramitā, nem a chamam assim. De modo geral, o Mahāyāna diz que qualquer realização que alcançamos no caminho vem do exercício da prajñāpāramitā.

Os sūtras prajñāpāramitā

Dentre esses quatro tipos de prajñāpāramitā, vamos discorrer em maiores detalhes sobre a prajñāpāramitā escritural, ou seja, os sūtras. De acordo com o Mahāyāna, os sūtras prajñāpāramitā foram ensinados pelo Buddha Śākyamuni nessa montanha perto de Rājagṛha, mas se diz que, depois disso, eles não foram suficientemente valorizados e, assim, desapareceram por cerca de quatrocentos anos e não circularam mais. Mais adiante, Nāgārjuna os recuperou dos nāgas. Os nāgas são uma classe de seres que, tecnicamente falando, caem na categoria de animais no budismo. No Ocidente, nós os encontramos na mitologia ou nos contos de fadas descritos como dragões, sapos sob a terra ou criaturas semelhantes a serpentes, como a Hidra, com suas muitas cabeças. Normalmente, os nāgas gostam de todas as coisas valiosas e as coletam e armazenam. Considera-se que os nāgas específicos que eram os guardiões dos sūtras prajñāpāramitā vivem no oceano e, de alguma forma, Nāgārjuna os convenceu a dá-los a ele.

Existem muitos diferentes sūtras prajñāpāramitā, alguns muito longos e outros muito curtos. O cânone tibetano contém vinte e três desses sūtras, indo de cem mil linhas até uma única sílaba (o cânone chinês tem ainda mais sūtras prajñāpāramitā). Se olharmos para o grande volume desses sūtras prajñāpāramitā, eles constituem 20 por cento (vinte e um volumes) do cânone tibetano completo com todos os sūtras e tantras budistas reunidos. Na tradição tibetana, os principais sūtras prajñāpāramitā entre esses 23 são chamados de "as 6 mães e os 11 filhos". Os 6 sūtras prajñāpāramitā "mãe" são fáceis de lembrar porque só temos que lembrar as quantidades de suas linhas — cem mil, 25 mil, 18 mil, 100 mil e 8 mil linhas, e o *Prajñāpāramitāsaṃcayagāthā* (uma versão condensada e versificada do último sūtra). O Sūtra do Coração é um dos "11 filhos".

Todos esses sūtras dizem praticamente a mesma coisa, é apenas uma questão do quanto eles entram em detalhes. No Sūtra do Coração, temos todas essas listas de coisas, como "nem olho", "nem ouvido" e assim por diante. Nos sūtras longos, essas listas são ampliadas acentuadamente, e então temos centenas de páginas onde se diz "nem isso, nem aquilo". Essa é a razão pela qual esses sūtras são, às vezes, um pouco maçantes de ler e é fácil de pegar no sono ao lê-los. No entanto, o objetivo da leitura desses sūtras nunca foi o de servir como uma espécie de leitura leve antes de dormir. Eles foram pensados como manuais de contemplação com mais ou menos detalhes, que devem ser lidos repetidamente. Mas os sūtras não fornecem apenas todas aquelas listas, também falam sobre o caminho do bodhisattva em termos do que cultivar. Ao mesmo tempo, eles continuam dizendo a todo o momento para não nos apegarmos a nada que cultivamos, realizamos ou alcançamos. Por exemplo, alguns sūtras dão explicações extensas sobre a geração da bodhichitta, mas, ao mesmo tempo, dizem, que os bodhisattvas não se fixam na bodhichitta ou na geração da bodhichitta. Desse modo, os sūtras prajñāpāramitā não estão apenas falando sobre a realidade última, mas também sobre a realidade relativa e a prática relativa, embora sempre em conexão com a visão última.

Normalmente, todos esses sūtras são apresentados na forma de diálogos, exceto o de uma única letra, que, na verdade, é um monólogo. Além disso, muitas vezes, não é o próprio Buddha quem está ensinando, mas outra pessoa, como Avalokiteśvara fazendo o trabalho no Sūtra do Coração. O Buddha apenas diz "bom trabalho" no fim. Em outros sūtras, há várias pessoas que ensinam. Um dos professores principais é um śrāvaka chamado Subhūti, que tem muitos diálogos com Śāriputra. Na tradição budista mais antiga, Śāriputra é o mais sábio de todos os alunos do Buddha, mas, nos sūtras prajñāpāramitā, ele passa por dificuldades. Ele é sempre aquele que faz perguntas ou levanta dúvidas, sem realmente entender as coisas ou pelo menos fingindo não entender. Então, Subhūti ou outra pessoa responde, às vezes com uma réplica, e então o diálogo vai e volta.

Dessa forma, a maioria dos sūtras representa, em geral, registros ou transcrições de ensinamentos ou diálogos, assim como nós temos as nossas transcrições hoje. Os sūtras são ensinamentos do próprio Buddha ou de pessoas que foram autorizadas ou abençoadas pelo Buddha. Por exemplo, no início do Sūtra do Coração, o Buddha entra em samādhi. Então, tanto a pergunta de Śāriputra quanto a resposta de Avalokiteśvara ocorrem em virtude da bênção da mente do Buddha em meditação profunda.

Quando os sūtras prajñāpāramitā chegaram ao Tibete, eles foram traduzidos principalmente durante o período inicial de traduções nos séculos VIII e IX da EC. E, depois disso, foram revisados várias vezes. Tradições distintas de interpretação dos sūtras prajñāpāramitā também se desenvolveram. Não há apenas os comentários indianos sobre os próprios sūtras, mas muitos comentários sobre um texto de Maitreya chamado O Ornamento da Clara Realização (*Abhisamayālaṃkāra*). Esse texto é basicamente como um arquivo compactado dos sūtras prajñāpāramitā, sendo uma condensação extrema do sūtra em 25 mil linhas. É mais como um índice ou uma breve anotação, muitas vezes dizendo apenas: "A, B, C, ...". Há pouca chance de compreender esse texto sem compará-lo ao sūtra em 25 mil linhas para ver do que ele está tratando. Em algum momento, esse texto e seus comentários indianos e tibetanos tornaram-se as bases principais para a interpretação dos sūtras prajñāpāramitā no Tibete.

Simplicidade complicada

Quanto aos tópicos principais dos sūtras prajñāpāramitā, existem dois. O mais óbvio é, claro, a vacuidade — de trás para a frente, de cima para baixo, de um lado para o outro e em todo o lugar. Esse é o ensinamento explícito desses sūtras, seu tema óbvio. Mas também há seu significado oculto, que consiste na progressão dos caminhos e bhūmis dos bodhisattvas. Em outras palavras, o ensinamento sobre a vacuidade fala sobre o objeto ou o que deve ser realizado, enquanto os ensinamentos sobre caminhos e bhūmis falam sobre o sujeito que percebe aquele objeto, ou seja, o que acontece nas mentes dos bodhisattvas quando eles realmente meditam e realizam a vacuidade, desde o nível de um iniciante até o estado búdico. Dessa forma, os sūtras prajñāpāramitā explicam ambos os lados da moeda. Eles não estão apenas dizendo que tudo é vazio e depois disso "boa sorte!". Eles também dão instruções sobre como trabalhar com essa vacuidade, como contemplá-la e como realizá-la.

Na tradição dos comentários, os ensinamentos sobre vacuidade dos sūtras prajñāpāramitā são principalmente discutidos e minuciosamente estabelecidos por meio do raciocínio na literatura Madhyamaka, enquanto *O Ornamento da Clara Realização* e seus comentários são considerados os comentários sobre o tópico oculto dos sūtras sobre o caminho e os bhūmis. A literatura de comentários sobre *O Ornamento da Clara Realização* consiste em vinte e um textos indianos e muitas centenas no Tibete. É um processo interessante porque, primeiro, temos esses sūtras prajñāpāramitā bastante longos, que dificilmente alguém pode estudar e compreender adequadamente, mesmo em uma vida inteira. Depois, Maitreya compôs esse texto essencial, *O Ornamento da Clara Realização*, em 273 versos, mas nós tampouco conseguimos entendê-lo, porque é muito curto. Então, mestres indianos e tibetanos escreveram comentários sobre esse pequeno texto, o que significa que eles novamente descompactaram o arquivo. Mas isso, por sua vez, resultou num volume de literatura de comentários ainda maior do que os sūtras originais.

De certa forma, isso é irônico quando refletimos sobre o tema desses sūtras, que é a vacuidade. A vacuidade é a coisa mais simples e não elaborada que poderíamos imaginar, mas então há toda essa literatura sobre todos esses detalhes discursivos com todos os seus subtópicos. Há cinco caminhos e dez bhūmis, e cada caminho é dividido em um número de estágios, com uma lista de obscurecimentos a serem abandonados em cada um desses subcaminhos. A maioria das pessoas simplesmente pensa: "Quem quer ou precisa saber tudo isso? Já não temos pensamentos demais? Achei que era uma questão de abrir mão de todos os pontos de referência". É claro que ninguém realmente quer saber de todos esses detalhes e, de certa forma, todos nós já os conhecemos, porque eles são os detalhes dos muitos pontos de referência que já temos em nossa mente. O fato de que esses sūtras e seus comentários falam sobre nossos obscurecimentos é precisamente a razão pela qual eles parecem tão intermináveis e complicados — porque nossas mentes são complicadas.

A vacuidade é extremamente simples, mas nossas mentes intrincadas que não entendem essa simplicidade são muito complicadas. Não é que o Buddha e os outros oradores nos sūtras e nos comentários realmente gostem disso, mas eles precisam abordar cada um desses nós em nossas mentes, que são como nós no espaço. Existem muitos nós no espaço de nossas mentes, então quando tratamos de todos eles, acabamos chegando a todos aqueles grandes livros. Quando lemos esses livros, podemos achar que não temos realmente um determinado nó em nossa mente, mas tenho certeza de que encontraremos muitos dos outros nós descritos. Além disso, muitas vezes, podemos não ter consciência de estar em algum tipo de viagem particular e fingir para nós mesmos que não temos certas fixações, mesmo que seja óbvio para todos os outros que temos. Esse enigma é bem demonstrado pelo filósofo ocidental Wittgenstein, que disse:

> Por que a filosofia é tão complicada? Ela deveria ser *totalmente* simples. A filosofia desata os nós em nosso pensamento que, de uma forma insensata, colocamos lá. Para fazer isso, ela deve fazer movimentos tão

complicados quanto esses nós. Embora os *resultados* da filosofia sejam simples, seu método não pode ser, se pretende ser bem-sucedido. A complexidade da filosofia não é o seu tema, mas a nossa compreensão complicada.[6]

Isso é interessante porque é exatamente o que o Buddha disse e o que é ensinado nos textos prajñāpāramitā. Quando lemos os sūtras, vemos que eles não são nada simples. Se lemos os textos Madhyamaka, eles são ainda mais difíceis. E se lemos *O Ornamento da Clara Realização* e seus comentários, eles são ainda piores do que os textos Madhyamaka. No entanto, é importante ver a razão pela qual todos esses textos são tão complicados. Isso não é porque o assunto seja complicado, mas porque nossas mentes são tão complicadas. Se quisermos desatar todos os nós em nossas mentes, há abordagens diferentes. Podemos tentar desatá-los um por um e, então, isso leva muito tempo, e entramos em todos os detalhes essenciais. Claro que existem outras abordagens em que apenas tentamos cortar o nó górdio de nossa mente com um golpe. Quanto aos sūtras prajñāpāramitā, a abordagem é gradual, e não instantânea. Eles também falam sobre uma abordagem instantânea, mas apenas para certas pessoas muito avançadas. Para a maioria das pessoas, desfazer seus nós é um caminho gradual, que consiste no que chamamos de cinco caminhos, dez bhūmis, e assim por diante.

Quando a tradição tibetana fala sobre "prajñāpāramitā" como um tópico, isso significa *O Ornamento da Clara Realização* e seus comentários, ou seja, o tópico dos caminhos e bhūmis. Madhyamaka é um tópico separado e apenas focado na vacuidade, embora, conforme explicado anteriormente, os dois tópicos sejam complementares. No entanto, é raro que Mādhyamikas discorram sobre caminhos e bhūmis, eles simplesmente não estão interessados nos detalhes das convenções do caminho no nível da realidade relativa. Eles apenas versam sobre vacuidade por todos os lados, e, depois disso, é "boa sorte!". Eles, em geral, nem falam sobre como meditar sobre a vacuidade. Existem alguns textos dos Mādhyamikas que discutem meditação, mas, normalmente eles não tocam no assunto.

Apenas como observação, os ensinamentos *Chö* da ioguine tibetana Machig Labdrön são considerados prajñāpāramitā em essência, mas também estão de acordo com princípios Vajrayāna, combinando, assim, o sūtra com o tantra. De acordo com Jamgön Kongtrul, a forma como os ensinamentos *Chö* estão relacionados com prajñāpāramitā é que a prajñāpāramitā é como a terra, ou o solo, sobre o qual cortamos uma árvore. Se não temos solo, não há árvore alguma para cortar, nem temos uma base de trabalho. Da mesma forma, a prajñāpāramitā é a base para atravessar os pensamentos que inflam o ego e nos prendem no samsāra. Essa travessia precisa ter alguma base para ocorrer, que é a prajñāpāramitā.

Prajñāpāramitā como uma heresia budista

Uma das características difíceis dos sūtras prajñāpāramitā é que eles contrastam com os ensinamentos budistas mais antigos e fundamentais. Os sūtras prajñāpāramitā parecem descartar todas as marcas registradas e os pilares do budismo fundamental, como os cinco skandhas, os doze elos da originação dependente, as quatro nobres verdades, nirvāṇa, e assim por diante. Todos eles vão para o ralo, por assim dizer. No início do budismo, em algum ponto, desenvolveu-se uma tendência para a abordagem excessivamente erudita e reificadora dos ensinamentos. Os eruditos colocaram tudo o que o Buddha disse em categorias com muitas subcategorias e todos os tipos de inter-relações conceituais. Eles construíram esse enorme armário com muitas gavetas e subgavetas, e tudo tinha que caber em algum lugar. O entendimento deles era que a realidade é composta de muitas coisas diferentes, todas existindo de forma verdadeira e última. Essa abordagem ultrarrealista, com suas listas de "dharmas" ou fenômenos, é chamada de *abhidharma*. É essa tradição do abhidharma, com todas as suas classificações e subclassificações e uma forte tendência para solidificar tudo que é um dos principais alvos da abordagem desconstrutiva dos sūtras prajñāpāramitā. Assim, os sūtras prajñāpāramitā se contrapõem à tendência de reificar excessivamente os ensinamentos do Buddha ao colocar tudo em categorias organizadas, pensando que é assim que o mundo realmente existe.

Edward Conze, um dos poucos pioneiros na tradução e no estudo dos sūtras prajñāpāramitā, disse que há cinco pontos principais em que a abordagem Mahāyāna dos sūtras prajñāpāramitā difere do budismo fundamental. Primeiro, os ideais, os objetivos e a trajetória de um bodhisattva são diferentes do arhat. Os arhats estão principalmente interessados na própria liberação, enquanto os bodhisattvas se esforçam para liberar todos os seres sencientes, fazendo-os se tornar buddhas de fato e não apenas arhats. Isso envolve a motivação da bodhichitta, o desejo de atingir completamente o estado perfeito de um buddha para beneficiar todos os seres. O ponto principal nessa motivação da bodhichitta é o desejo de libertar outros seres sencientes do seu sofrimento — os bodhisattvas não desejam atingir o estado búdico para benefício próprio. Isso é muito importante, porque em geral, pensamos que o ponto principal na bodhichitta é tornar-se um buddha, mas isso ainda é bastante voltado para o ego. O verdadeiro cerne do voto de bodhisattva ou da bodhicitta é o desejo de ser capaz de libertar todos os seres do sofrimento, e é apenas para esse fim que os bodhisattvas se esforçam para atingir o estado búdico, pois o estado búdico é o mais poderoso e eficiente para ajudar os seres a se libertarem do sofrimento. Em outras palavras, da perspectiva da bodhichitta, o estado búdico é apenas um meio para atingir um fim, mas não um fim em si mesmo. De fato, ele não é um fim de modo algum, pois é a partir do estado búdico que nosso trabalho de ajudar os seres sencientes realmente começa com força total.

Em segundo lugar, a sabedoria nos sūtras prajñāpāramitā é contrastada com a sabedoria dos ensinamentos fundamentais, que é a sabedoria de realizar que não existe uma essência pessoal ou de realizar as quatro nobres verdades. Essa sabedoria é direcionada apenas para os cinco skandhas do indivíduo e vê que não há essência nesses skandhas, enquanto a sabedoria nos sūtras prajñāpāramitā é muito mais ampla. Essa sabedoria olha para os skandhas de todos os seres sencientes, bem como todos os outros fenômenos, dentro e fora, vendo que nenhum desses fenômenos tem uma natureza própria.

Em terceiro lugar, os sūtras prajñāpāramitā afirmam que os bodhisattvas não devem analisar repetidamente os fenômenos, o que significa não ficar preso a nenhuma característica dos fenômenos ou solidificá-los, enquanto, no abhidharma, tudo é classificado em longas listas de acordo com suas características, que são referenciadas de forma cruzada e se tornam cada vez mais reificadas.

Em quarto lugar, no abhidharma, o princípio da impermanência, uma das marcas registradas da abordagem fundamental do budismo, é considerado um ponto-chave a ser realizado. Uma das abordagens principais era a de investigar a momentaneidade das coisas, ou seja, o surgimento, a permanência e a cessação dos fenômenos, e descrever esse processo. Em contraste, os sūtras prajñāpāramitā dizem constantemente que não há surgimento, nem permanência e nem cessação. Assim, uma das marcas desses sūtras é que "todos os fenômenos são não nascidos", o que significa que, antes de mais nada, eles nunca vêm realmente a existir e, assim, são vazios de qualquer surgimento verdadeiro, qualquer existência inerente e qualquer cessação.

Em quinto lugar, o abhidharma fala sobre uma multiplicidade de fenômenos que constituem a realidade, mesmo a realidade última consiste de múltiplos fenômenos, como minúsculas partículas materiais e os menores momentos da mente, todos sendo verdadeiramente existentes. Os sūtras prajñāpāramitā afirmam que não há fenômenos múltiplos porque não há fenômenos em primeiro lugar. Além disso, não há fenômenos separados, uma vez que não podemos estabelecer quaisquer distinções ou limites rígidos e fixos entre eles.

Todas essas distinções nada mais são do que rótulos conceituais completamente arbitrários. Por exemplo, nós pensamos que a almofada e o tapete sobre o qual ela está são duas coisas diferentes e separadas, mas, para uma criança pequena, isso não é nada óbvio. Também pensamos que essa mesa e o tapete são diferentes, mas, em termos de nossa percepção visual, isso também não é óbvio. Se apenas tomarmos o que aparece em nosso campo visual, quem pode dizer que o que aparece à esquerda, à direita, acima e abaixo é realmente diferente? Poderíamos muito bem tomar todo o nosso campo visual como um único objeto multicolorido, que é o que a nossa consciência visual nos mostra. É apenas por intermédio de nossas imputações e rótulos que distinguimos diferentes objetos. Nossos olhos apenas veem tudo nessa sala como um grande tecido multicolorido, mas, depois, a nossa mente conceitual traça limites, como a existência de diferentes pessoas sentadas em diferentes almofadas e cadeiras, vestindo roupas diferentes, e assim por diante.

Caminhos sem base

Ao longo do que é experimentado no caminho mental de refinar e descortinar a prajñāpāramitā, prajñā em si está completamente além de toda reificação, inconcebível e inexprimível, e, ainda assim, sua realização deve ser progressivamente cultivada. Tradicionalmente, tais experiências e realizações são discutidas na estrutura técnica de "caminhos e bhūmis", cujo esquema representa o significado oculto dos sūtras prajñāpāramitā. No budismo, "caminhos" e "bhūmis" referem-se primariamente ao desenvolvimento espiritual interno da mente, ou seja, nossa mente viajando em seu próprio espaço e chegando à sua própria natureza ("mente" é, às vezes, até mesmo colocada como um sinônimo de "caminho"). Em outras palavras, isso se refere ao *continuum* de cultivo e familiarização com certos estados de mente e visões de muitas diferentes formas, desde o nível iniciante até o estado búdico perfeito, que envolve qualidades mentais cada vez mais positivas e poderosas.

A palavra sânscrita *mārga*, para "caminho", deriva da raiz verbal *mārg* ("buscar por", "empenhar-se em", "seguir", "ir" ou "mover") e tem uma ampla variedade de significados, como "caminho (correto)", "caminho", "percurso", "via"; "busca", "investigação", "método", "estilo", "prática"; e "dar uma pista" ou "indicar sobre como algo se dá". Em outras palavras, o caminho todo é sobre investigar — estamos investigando perguntas, estamos investigando respostas, e estamos investigando qual é a verdadeira natureza da realidade. Uma vez que *mārga* também pode significar "pista ou indicação sobre como algo ocorre", o caminho inclui tanto o viajante como o guia de viagem, ele consiste não só da nossa investigação, mas também das pistas que recebemos de um professor para a nossa investigação, que são como dedos indicadores.

Os cinco caminhos budistas podem ser descritos por meio da analogia de uma jornada para um local agradável e muito bonito para fazer um piquenique. Primeiro, precisamos juntar nossos aparatos, como, nossa cesta de piquenique, diferentes tipos de comida, combustível para o carro, e assim por diante. Isso corresponde ao caminho da acumulação (ou aparelhamento), no qual reunimos os aparatos para nossa viagem. Em seguida, entramos em nosso carro e dirigimos pela estrada em direção ao local de piquenique. Claro, já lemos o nosso guia, então, enquanto nos aproximamos, estamos bem orientados e continuamos imaginando o local que é o nosso destino. Se tivermos lido o nosso guia muito bem, podemos trazer esse lugar à mente com bastante clareza, embora ainda não estejamos lá. Esse é o caminho da preparação. Em certo sentido, estamos trabalhando aqui com a fruição, mas de forma conceitual. No entanto, com isso, estamos nos aproximando do nosso destino final. Eventualmente, chegamos àquele lugar e podemos olhar para o maravilhoso cenário, que é como o caminho da visão — vemos diretamente o lugar diante de nós pela primeira vez e não precisamos de mais guias. Enquanto passeamos e caminhamos por esse lugar, nós o exploramos e nos tornamos cada vez mais familiarizados com os detalhes da paisagem e dos seus arredores. Ainda não estamos indo para outro lugar, mas nos familiarizamos com cada árvore, cada pedra, cada flor, e assim por diante, em nosso local de piquenique. Esse é o caminho da meditação, ou familiarização, em que nos tornamos completamente familiarizados com todos os detalhes e facetas do que já vimos de uma forma mais geral quando chegamos a esse local pela primeira vez. Finalmente, conhecemos o lugar por inteiro. Sentimo-nos completamente em casa e somos capazes de nos mover por ali como quisermos. Recordamos cada aspecto dele e somos capazes de descrevê-lo para outras pessoas em perfeito detalhe. Esse é o caminho do nada mais a aprender, ou o resultado final do caminho.

No caminho para atingir o estado búdico, como praticamos com os sūtras prajñāpāramitā? Além dos aspectos mais técnicos dos cinco caminhos e dos dez bhūmis, em termos da experiência efetiva de prajñāpāramitā, o ponto central das realizações progressivas e profundas nesses caminhos e bhūmis é estar em paz com a ausência de base fundamental da nossa existência e com a noção de não caminho. Esse princípio se aplica não apenas aos fenômenos samsáricos ou aflitos, mas também aos fenômenos nirvânicos, ou purificados, como toda e qualquer experiência, realizações e conduta ao longo de todo o caminho até o fruto final do estado búdico onisciente. Tanto o tema explícito quanto o implícito dos sūtras prajñāpāramitā — a vacuidade e o caminho para realizá-la — são habilmente resumidos por Edward Conze:

> As milhares de linhas da Prajñāpāramitā podem ser resumidas nas duas frases seguintes: 1) a pessoa deve se tornar um bodhisattva (um futuro buddha), ou seja, aquele que não se satisfaz com nada menos do que o conhecimento completo alcançado por meio da perfeição da sabedoria para o bem de todos os seres; 2) não existe tal coisa como um bodhisattva, ou como o conhecimento completo, ou como um "ser", ou como a perfeição da sabedoria, ou como uma realização. Aceitar esses dois fatos contraditórios é ser perfeito.[7]

Ou como Gareth Sparham coloca:

> De acordo com Hari[bhadra], a mensagem dos Sūtras da Perfeição da Sabedoria é de que todo o caminho e seu resultado operam em um nível superficial constituído da mente ilusória, enquanto, por baixo, por assim dizer, no nível último, eles são vazios de qualquer natureza essencial.[8]

O *Bodhisambhāra* de Nāgārjuna simplesmente afirma:

> Os bodhisattvas beneficiam os seres sencientes,
> Mas não veem nenhum ser senciente,

Esse é realmente um ponto muito difícil,
Esplêndido e inconcebível.⁹

No entanto, em termos da prática efetiva no caminho de um bodhisattva, essa não é simplesmente uma questão de "aceitar fatos contraditórios". Na verdade, esse caminho significa obter uma compreensão cada vez mais completa de cada uma das duas realidades — aparente e definitiva — e, eventualmente, realizar que elas não são dois níveis separados de existência, mas as diferentes perspectivas das mentes dualistas confusas de seres comuns em oposição às mentes de sabedoria sem referenciais daqueles que experienciam diretamente as coisas como realmente são, com a primeira eventualmente se dissolvendo na última à medida que progredimos no caminho. A partir dessa perspectiva, o que pode parecer contraditório não é de forma alguma visto assim. Isso é chamado de realizar a união das duas realidades, ou a união de prajñā e dos meios hábeis (*upāya*).

Uma vez que os sūtras prajñāpāramitā são manuais de prática ou meditação, é importante unir os dois níveis de realidade em nossa prática. Isso significa combinar o que esses sūtras ensinam explicitamente — vacuidade, ou a visão de como as coisas realmente são — com o que efetivamente fazemos no caminho, por mais extremos e antagônicos que esses dois possam parecer à primeira vista. Mas essa é a ideia toda. A mensagem dos sūtras prajñāpāramitā não é que tudo é vazio e apenas isso, significando que não temos de fazer nada. Pelo contrário, os bodhisattvas fazem muitas coisas. Portanto, trabalhamos em ambos os níveis de realidade ao mesmo tempo, embora em graus variados em diferentes estágios do caminho. Como iniciantes, geralmente, oscilamos entre tentar lembrar a visão e focar no que fazer de forma prática. Mas, à medida que progredimos, esses dois objetos de foco tornam-se mais próximos, até se tornarem inseparáveis. Isso é conhecido como "a união de sabedoria e dos meios hábeis", que é a marca registrada do caminho Mahāyāna e muitas vezes comparada às duas asas de um pássaro. É muito difícil voar com uma asa, então, precisamos dessas duas asas — sabedoria e meios hábeis. Em outras palavras, não é suficiente simplesmente possuir sabedoria, precisamos aplicar essa sabedoria em nossas vidas de maneiras habilidosas. Não consistimos apenas em mente, mas também em corpo e fala, e também temos obscurecimentos de corpo, fala e mente. Portanto, precisamos trabalhar com essa sabedoria ou esse *insight* de muitas maneiras diferentes em nossas vidas cotidianas comuns para beneficiarmos tanto nós mesmos como os outros.

Sujeira, água e sabão

Como o Buddha compreendeu, os seres sencientes estão fundamentalmente confusos, o que significa que eles não entendem o que de fato são. É devido a essa confusão, que surge do apego a coisas e pessoas aparentemente sólidas e realmente existentes, que eles fazem todos os tipos de coisas que produzem sua confusão e seu sofrimento. Em última análise, para obter a verdadeira liberdade, o ponto principal é perceber que nada dessa confusão e das ações e dos problemas decorrentes de fato acontecem. Mas, ao mesmo tempo, a menos que tenhamos realizado isso plenamente, precisamos trabalhar com essa mesma confusão, a fim de liberá-la com habilidade. Isso é semelhante a sonhar e acordar. Se acordarmos de um pesadelo, ele não será mais um problema, mas, enquanto estivermos *dentro* do pesadelo, é bom termos alguns meios para trabalhar de modo direto com o pesadelo, como treinar para ter sonhos lúcidos e para ser capaz de modificá-los. Isso significa que, primeiro, precisamos reconhecer que é um sonho, mas o simples reconhecimento não significa que estamos fora dele, a experiência do sonho ainda está presente. Em seguida, quando nos tornamos mais hábeis, podemos de fato trabalhar com o sonho e modificá-lo, como, por exemplo, conversando, acariciando e brincando com o tigre que nos persegue em nosso pesadelo. Ainda não estamos despertos, mas é muito melhor do que apenas sermos arrastados indefesos pela experiência do pesadelo, como sermos comidos pelo tigre. Além disso, se trabalharmos com o sonho dessa forma, isso nos aproxima ainda mais do verdadeiro despertar.

Da mesma forma, os bodhisattvas reconhecem que sua vida samsárica é apenas um sonho ou uma ilusão, mas, no início, embora não mais a considerem real, esse sonho segue aparecendo. Portanto, eles trabalham com essa realidade onírica, o que é muito mais fácil agora, uma vez que é completamente fluida e maleável. Por fim, eles despertam do pesadelo da existência condicionada para a brilhante luz solar do estado búdico. É por isso que é importante unir os dois níveis de realidade, para não ficarmos completamente presos na experiência onírica de saṃsāra, trabalhando apenas no nível dessa experiência. Sempre precisamos manter a perspectiva mais ampla em mente: a de que o que realmente queremos fazer é acordar desse sonho.

De acordo com os sūtras prajñāpāramitā, na verdade todos os obscurecimentos e aflições, bem como seus remédios, são semelhantes, por serem completamente irreais e desprovidos de qualquer natureza própria — eles nunca sequer chegaram a surgir. No entanto, até que isso seja totalmente realizado e transformado numa experiência viva, o caminho consiste em aplicar, de uma maneira ilusória, antídotos cada vez mais refinados para obscurecimentos progressivamente mais sutis. Em algum momento, temos de abandonar até mesmo o antídoto mais refinado, uma vez que seu trabalho de aparentemente eliminar seu fator correspondente a ser abandonado foi realizado. Da perspectiva da natureza verdadeira e imutável dos fenômenos, qualquer coisa que apareça como algo a ser abandonado ou um remédio nada mais é do que um obscurecimento adventício e ilusório. No entanto, da perspectiva do caminho, precisamos trabalhar para reconhecer precisamente esse fato. Como a famosa ancestral budista chinesa Kongshi Daoren escreveu em um poema na parede de uma casa de banhos:

> Se nada existe verdadeiramente, o que você está lavando? De onde poderia vir mesmo o menor traço de poeira?... Mesmo que você não veja diferença alguma entre a água e a sujeira, tudo deve ser lavado completamente quando entra aqui.

Basicamente, isso resume o caminho. Claro, no nível último, não há nada para fazer, mas, quando vamos para o chuveiro, há coisas para fazer. Se não nos sentimos sujos, em primeiro lugar, estamos bem e não há nada para fazer. Se não houver conceitos como sujeira ou algo que tenha de ser removido e um remédio, não há nada a fazer, mas, uma vez que entramos no chuveiro porque nos sentimos sujos, temos de fazer algo — não podemos simplesmente ficar lá e permanecer sujos. Além disso, mesmo em termos comuns, quando tomamos banho, temos de abrir mão do remédio. Quando tomamos banho, usamos água e sabão, que são os remédios para a sujeira. Como Khenpo Tsultrim Gyamtso Rinpoche diz: "No início, nosso corpo está sujo, em seguida nós lambuzamos uma outra sujeira nele, que chamamos de 'sabão' ". Não queremos deixar a sujeira em nosso corpo, nem queremos deixar o sabão (o remédio para a sujeira) nele também. Não vamos para o chuveiro, passamos sabão no corpo e depois saímos do banho e colocamos a roupa novamente sem ter tirado o sabão com água. Finalmente, queremos nos livrar da água também (que é um remédio mais sutil do que o sabão): não vamos nos vestir enquanto estivermos molhados. Quando lavamos nosso corpo dessa forma, não estamos realmente tirando qualquer coisa do próprio corpo para torná-lo mais limpo, mas estamos tirando as coisas que não são o nosso corpo. Não vamos tomar banho com ácido clorídrico para ficarmos *realmente* limpos. Ele funciona, mas apenas uma vez.

Do mesmo modo, quando lavamos a nossa roupa, estritamente falando, não estamos de fato lavando ou limpando a nossa roupa, mas limpamos a sujeira, porque o que ainda queremos manter são as nossas roupas. Se lavar significasse que a nossa roupa, como uma camisa, perderia um pouco de sua substância, ficaríamos rapidamente sem nada e não teríamos mais roupa para vestir. Novamente, lavamos a sujeira adicionando um pouco de detergente a ela, que é o remédio, e depois a enxaguamos para tirar o remédio. Isso significa, mesmo em um nível comum, que ninguém quer ficar com os remédios.

Da mesma forma, os remédios no caminho budista apenas têm propósito enquanto atuam sobre seus obscurecimentos correspondentes a serem abandonados. Uma vez que fizeram isso, precisamos descartá-los também. Do contrário, os remédios simplesmente se tornam outro problema ou obscurecimento, assim como quando continuamos a tomar antibióticos quando a nossa pneumonia foi curada e adoecemos dos antibióticos (se não antes). Do ponto de vista fundamental da vacuidade, tanto os obscurecimentos como seus remédios são um problema, e nenhum deles é de fato intrinsecamente melhor do que o outro. A única coisa boa sobre os remédios é que eles se assemelham à habilidade de modificar um sonho lúcido para que possamos nos aproximar do despertar no final. Mas, se ficarmos presos apenas brincando com aquele sonho lúcido e ficarmos completamente absorvidos em todas as coisas legais que podemos fazer nele, nunca despertaremos. É um sonho melhor e mais divertido, mas ainda é um sonho.

Uma imagem tradicional de como trabalhamos com os obscurecimentos a serem abandonados e seus remédios é a de um elefante ilusório derrotando outro elefante ilusório. Ou é como um filme no qual os mocinhos vencem os bandidos, mas, na verdade, nem os personagens nem a luta eram reais. Mesmo assim, funciona no filme e, quando nos envolvemos na história, funciona em nossa mente também, produzindo todos os tipos de pensamentos, emoções e até mesmo reações físicas. Mas, quem quer estar num filme vinte e quatro horas por dia?

Nesse sentido, Khenpo Tsultrim Gyamtso Rinpoche costuma dizer que o caminho budista, basicamente, nada mais é do que uma sequência de conceitos mais sutis contrapondo-se aos mais grosseiros. Começamos com ideias muito grosseiras sobre nós mesmos, o mundo e todas as outras pessoas e, então, os cortamos ou combatemos com conceitos mais sutis. Por exemplo, se pensarmos que as coisas realmente existem e são duradouras, o Buddha ensinou o remédio da impermanência. Mas isso não é o fim, porque os sūtras prajñāpāramitā dizem que a impermanência também não é a realidade última. Se olharmos para a impermanência de uma forma mais profunda, chegaremos à vacuidade. Contudo, a vacuidade também não é a realidade última se a transformarmos em alguma "coisa", pensando: "É isso". Essa é a razão pela qual o Buddha falou sobre "a vacuidade da vacuidade". O ponto aqui é que seja qual for o nível do *insight* sobre a realidade que possamos ter, seja uma compreensão da impermanência ou da vacuidade, enquanto nos agarrarmos a ela ou a solidificarmos, ela não nos fará muito bem, porque ela apenas se transforma em mais um ponto de referência, mais um obstáculo. Então, "a vacuidade da vacuidade" significa apenas abrir mão de quaisquer pontos de referência sobre a vacuidade em si ou sobre a realização da vacuidade. Se acharmos que encontramos algo, certamente não é a vacuidade, portanto, deve ser alguma outra coisa. Essa é a razão pela qual o *Mūlamadhyamakakārika* de Nāgārjuna afirma:

Os vitoriosos ensinaram que a vacuidade
Significa erradicar todas as visões,
Mas aqueles presos à vacuidade como uma visão
São considerados realmente incuráveis.[10]

Desfazendo o fazer

Claro, os sūtras prajñāpāramitā falam o tempo todo sobre não ter pontos de referência e ser não discursivo, mas, ao mesmo tempo, eles são extremamente discursivos ao *falar sobre* ser não discursivo. Contudo, essa discursividade se deve às pessoas na audiência, cujas mentes são muito discursivas. Vacuidade é o que há de mais simples, como podemos ver no sūtra prajñāpāramitā em uma letra, que diz apenas "A". Não há discursividade alguma nisso, mas e aí? O que faremos com isso? Portanto, para a maioria das pessoas, é necessário um pouco (ou muito) mais de elaboração. Podemos escolher entre uma ampla gama de sūtras prajñāpāramitā longos e curtos, o tanto de elaboração que pessoalmente quisermos. Felizmente, estamos falando aqui apenas sobre o Sūtra do Coração, e não sobre os mais longos.

Quando consideramos a linguagem dos sūtras prajñāpāramitā, em termos modernos, nós a chamaríamos de "desconstrutiva". A maior parte do que os sūtras ensinam, pelo menos em termos de vacuidade, não é realmente algo que nos diga o que fazer, mas sim: "Não faça isso" e "Não faça aquilo". Por exemplo, se dissermos a alguém: "Ponha o pé direito na sua coxa esquerda e o seu pé esquerdo na sua coxa direita, em seguida, coloque a sua mão direita na sua mão esquerda em seu colo e mantenha as costas eretas.", estamos dizendo o que fazer ao assumir a postura física de meditação. Essas instruções envolvem muita conceituação de nossa parte e também temos de saber o que são todas essas coisas, como os nossos pés, as nossas coxas e a nossa coluna. Essas instruções sobre como fazer algo não são desconstrutivas, mas, se alguém nos disser: "Não pense", ou "Esqueça isso", ou "vacuidade", ou "A", nós não somos realmente instruídos a *fazer* coisa alguma. Basicamente, nos dizem: "Apenas pare de fazer o que quer que esteja fazendo", mas não nos dizem o que fazer em vez disso. Existe uma sensação de final aberto aqui, que é o estilo típico dos sūtras prajñāpāramitā, que também foi adotado nas tradições Ch'an e Zen. Eles basicamente o aperfeiçoaram — o que quer que pensemos, falemos ou façamos, sempre nos dão o oposto ou algo que não faz sentido algum.

É importante ter isso em mente ao trabalhar com o Sūtra do Coração, porque, em geral, estamos fixados em querer ouvir o que faremos ou o que devemos fazer. Se não recebemos instruções sobre o que fazer, ficamos ansiosos e nos perguntamos: "O que isso tudo quer dizer, afinal? Eu só quero saber sobre o que deveria meditar. Quero apenas ouvir o que deveria fazer". No entanto, os ensinamentos prajñāpāramitā são muito evasivos a esse respeito. Eles dizem muitas coisas, mas a maioria de suas declarações serve apenas como meio para minar e eliminar nossas ideias sobre o que fazer ou no que se segurar. Quando o Sūtra do Coração diz que não há nem olhos, nem ouvidos, nem nariz, nem mente, nem sabedoria, nem realização, nem não realização, e assim por diante, podemos sentir como a nossa mente fica pulando para frente e para trás. Quando ouvimos "nem realização", pensamos: "Ok, entendi, não há nada a ser alcançado". Mas depois o texto afirma "nem não realização" e pensamos: "Espere um minuto! Você acabou de dizer o contrário. Qual dos dois é o correto?".

Então, onde isso nos deixa? Onde está a nossa mente entre essas duas opções mutuamente exclusivas? Se ouvirmos "nem realização, nem não realização", basicamente ficamos perdidos. Somos deixados em um ponto onde não há nada a que se agarrar, que é a ideia principal aqui. Novamente, não se trata tanto de perceber que *realmente* não há realização ou que *realmente* não há não realização, mas o ponto principal é olhar para a nossa mente e para como ela reage quando todos os seus brinquedos são retirados um por um. O que é uma mente sem brinquedos? O que é uma mente que não busca se entreter? O que é uma mente que não se apega a nada, inclusive a si mesma? Esse é o "ponto sem volta" fundamental para o qual os sūtras prajñāpāramitā, a tradição Zen e outras abordagens semelhantes tentam nos levar. Em certo sentido, eles nos empurram para a beira do precipício da nossa mente conceitual dualista e, em seguida, cabe a nós saltar para a ausência de base da "não mente".

É por isso que, na tradição Zen, temos todas aquelas afirmações como: "Se você vir o Buddha na estrada, mate-o.", a famosa exclamação "Mu!" e todos os outros koans. Os koans realmente não são apresentados para nos fazerem entender como as coisas são, eles são apenas métodos para nos desapegarmos de algo que pensamos ser certo ou errado, bom ou ruim, algo que pensamos saber, e assim por diante. Dada essa abordagem, de um ponto de vista mais pessimista, poderíamos dizer que o caminho budista é simplesmente uma decepção após a outra — a única coisa boa é que a iluminação é a última. De um lado mais positivo, podemos dizer que passarmos pelas dificuldades de treinar a mente em não se apegar é como treinar para ser uma dançarina de balé de alto nível. Quando vemos essas pessoas, seus movimentos parecem tão leves, cheios de graça e completamente sem esforço, mas, na verdade, o treino é muito duro, e elas têm de estar atentas a cada mínimo detalhe, todos os dias, repetidamente. A ausência de esforço e de rigidez ou de apego a qualquer coisa vem apenas por meio de um treinamento intenso. Da mesma forma, quando treinamos nossa mente, o não se apegar simplesmente não acontece por si mesmo de uma hora para a outra. Para a maioria das pessoas, algum treinamento é necessário para ir além de qualquer necessidade de treinamento.

Isso significa treinar em não se apegar, não se fixar e não segurar nada, o que, na realidade, é muito mais difícil de realizar do que treinar na execução de alguma coisa. E estamos habituados a fazer coisas e somos muito bons nisso, somos todos grandes recordistas em termos de apego e fixação. Começando apenas com poucas coisas enquanto bebês, vamos nos fixando cada vez mais, que é o que chamamos de nossa personalidade, nossa carreira, nossas relações. Todas elas significam apenas acumular cada vez mais pontos de referência. No entanto, o caminho da prajñāpāramitā faz exatamente o oposto, e é por isso que por vezes parece tão difícil, sem sentido e até assustador. Investimos tanto na nossa personalidade, na nossa carreira, nas nossas relações, nos nossos bens, e em todo o resto, e então o Sūtra do Coração nos diz: "Apenas esqueça tudo isso". Dessa forma, os sūtras prajñāpāramitā podem ser como uma enorme coleção de koans e inclusive o Sūtra do Coração é um, com cada pequena frase dizendo "nem isto, nem aquilo", erodindo as muitas camadas do nosso casulo de conceitos, emoções, obstáculos e pontos de referência solidificados.

O caminho para desenredar esse casulo não é linear. Normalmente, pensamos que começamos aqui e depois vamos para lá, e muitas das apresentações do caminho budista, tais como os cinco caminhos e os dez bhūmis, fazem parecer que há um início e depois uma progressão linear, pressupondo que tudo o que fazemos no caminho é ascender cada vez mais. No entanto, a realidade é diferente — o caminho é mais parecido com a bolsa de valores, vamos para cima e para baixo, para frente e para trás, e damos voltas. Vamos revisitar as mesmas questões muitas e muitas vezes. Isso não é realmente um problema, porque é a natureza do caminho budista. Não se trata de, em algum momento inicial do caminho, nos graduarmos num nível e deixarmos a raiva para trás ou algo do tipo. Idealmente, a nossa raiva se torna menos frequente e mais sutil, mas ainda pode haver ocasiões em que ela seja bastante intensa. Então, pensamos: "Poxa, eu meditei por dez anos e ainda tenho raiva! Isto não está funcionando para mim, ou eu devo ter feito algo errado".

Precisamos entender que, quando experenciamos a raiva, ou quaisquer outras emoções, a doença, ou o sofrimento, tudo isso é resultado das nossas ações anteriores e que há muitos desses resultados armazenados na nossa mente. O caminho significa esvaziar o grande balde daquilo que está armazenado na nossa mente, mas, como todos sabemos, sempre há alguma coisa presa no fundo do balde. Além disso, o fato de todas essas coisas serem resultados significa que sua manifestação é um sinal de que estão saindo do nosso sistema. Uma vez que tenham se manifestado, tanto elas como suas causas terminaram, o que significa que nos livramos delas e que elas não vão voltar. No entanto, o ponto crucial é não transformarmos esses resultados em novas causas para mais sofrimento ao repetir ou continuar nossa história sobre elas e nossas reações negativas a elas.

Em resumo, o caminho budista é mais como uma espiral em direção a um meio, em vez de uma linha reta de A a B. Claro, se espiralarmos, revisitaremos os mesmos pontos repetidas vezes, mas nunca são realmente os mesmos, porque, a cada vez, nós os vemos de uma perspectiva diferente. Eles podem parecer os mesmos e bem familiares, mas, se olharmos atentamente, vemos algo diferente a cada vez. Os sūtras prajñāpāramitā são considerados manuais contemplativos para viajar por esse caminho em espiral. Essa é outra razão pela qual eles são recitados repetidamente e têm tantas repetições. Superficialmente, eles podem parecer todos iguais, mas, na abordagem de viajar em espiral, cada vez que olhamos para uma mesma palavra ou ponto aparentemente igual, é diferente. É como quando lemos o "mesmo" livro cinco vezes e nos pegamos aprendendo ou experienciando alguma coisa diferente a cada vez. É o mesmo livro, mas a nossa mente e o modo como ela interage com o que lê estão diferentes a cada vez. Da mesma forma, pode ser o mesmo sūtra, mas, quando o recitamos, é diferente a cada vez, porque a nossa mente está em um lugar diferente.

O comentário sobre o
Sūtra do Coração

Agora vamos examinar as próprias palavras do Sūtra do Coração. Meus comentários são baseados em todos os comentários indianos sobre esse sūtra, bem como em vários comentários tibetanos e em alguns modernos (para detalhes, veja a bibliografia). Existem basicamente duas versões diferentes do Sūtra do Coração. A que estamos usando aqui tem um prólogo (ou uma introdução), um epílogo (ou uma conclusão) e também contém o mantra da prajñāpāramitā. A outra versão não tem a introdução e a conclusão e, muitas vezes, não tem o mantra.

O palco e os atores principais

Em sua breve estrutura, o sūtra começa com a introdução ou a apresentação, que nos diz onde ele aconteceu, quando aconteceu, quem era o professor e quem mais estava lá (os suspeitos de sempre). Em particular, no Sūtra do Coração, essa introdução contém duas partes. Há a apresentação comum, que é encontrada em todos os sūtras prajñāpāramitā, começando com: "Assim eu ouvi. Uma vez o Bhagavān estava residindo na Montanha dos Abutres em Rājagṛha...". A introdução incomum aqui é que tanto o Buddha quanto Avalokiteśvara estão repousando em samādhi, enquanto Śāriputra faz sua pergunta. A verdadeira parte principal do sūtra consiste nas respostas curtas e nas respostas mais longas de Avalokiteśvara, que são seguidas pelo mantra. Por fim, há a conclusão, em que o Buddha basicamente diz a Avalokiteśvara: "Bom trabalho!", e depois o público se alegra com o que aconteceu.

Como dissemos antes, esse é o único sūtra prajñāpāramitā em que o bodhisattva Avalokiteśvara aparece. Ele não só aparece nele, como é também o professor principal, o que é um sinal implícito de que os ensinamentos sobre compaixão e sobre o caminho também estão incluídos no Sūtra do Coração, apesar de isso não ser mencionado explicitamente. Portanto, Avalokiteśvara simboliza a compaixão de todos os buddhas e, assim, o caminho completo que é construído com a compaixão como sua motivação fundamental. No budismo, a compaixão significa o desejo de que todos os seres sencientes se libertem do sofrimento, o que também é o cerne da bodhicitta. A bodhicitta acrescenta o desejo de alcançar o estado búdico a fim de ser pessoalmente capaz de efetivamente libertar os seres sencientes do sofrimento. Assim, a bodhicitta tem dois elementos — compaixão como o mero desejo de que todos os seres sencientes se libertem do sofrimento e, como consequência desse desejo, a dedicação para atingir o estado búdico para o bem de todos os seres. Ou seja, a bodhicitta adiciona o componente de tornar nossa responsabilidade pessoal libertar realmente todos os seres sencientes do sofrimento ao nos tornarmos buddhas.

O principal objetivo dos bodhisattvas é libertar os seres sencientes do sofrimento, enquanto a realização do estado búdico é o meio para esse fim. Em outras palavras, o estado búdico é mais como um subproduto da bodhicitta ou do caminho do bodhisattva. Normalmente, o estado búdico é apresentado como o resultado final do caminho, que, muitas vezes, é entendido como sendo principalmente voltado para o benefício próprio, uma vez que significa a eliminação de todos os obscurecimentos e a realização da sabedoria búdica e suas muitas qualidades. Contudo, visto que todo o objetivo da bodhicitta é beneficiar os outros, o verdadeiro resultado do caminho do bodhisattva é a atividade iluminada que um buddha realiza para o bem de todos os seres. E uma vez que tal atividade só é possível ao tornar-se um buddha primeiramente, os bodhisattvas se dedicam a atingir esse estado. Em termos técnicos, entre os três kāyas de um buddha, o darmakāya representa o bem-estar próprio em termos de renúncia e realização supremas, que é a esfera sem forma e sem dimensão da mente de um buddha. O bem-estar dos outros consiste em dois kāyas da forma — sambhogakāya e nirmaṇakāya — que promovem o bem-estar tanto dos bodhisattvas nos bhūmis quanto de todos os tipos de seres comuns, respectivamente. Em resumo, como todos os sūtras prajñāpāramitā, o Sūtra do Coração ensina a união de vacuidade e conduta hábil (ou prajñā e meios hábeis), sendo a última corporificada por Avalokiteśvara.

O que não aparece no Sūtra do Coração, quando comparado a outros sūtras prajñāpāramitā, são quaisquer polêmicas explícitas contra os ensinamentos budistas fundamentais. Não há disputas entre śrāvakas e bodhisattvas, nas quais os śrāvakas são apresentados como aqueles que não entendem. Ainda assim, esse elemento é implicitamente representado por Śāriputra, que é quem faz a pergunta sobre como praticar a prajñāpāramitā.

Em geral, existem três formas do que é chamado de "a palavra do Buddha". Existem as palavras que o próprio Buddha expressa diretamente, mas também existem as "palavras do Buddha por bênção" e "palavras do Buddha por permissão". O Sūtra do Coração contém todos os três tipos. A introdução, que fala sobre a ambientação do sūtra, obviamente não é algo que o próprio Buddha disse, mas foi adicionada mais tarde pelos compiladores. No entanto, essas ainda são consideradas palavras do Buddha por permissão. O mesmo vale para o epílogo no fim do sūtra.

A parte principal do sūtra consiste nas palavras do Buddha por meio de sua bênção. No início do sūtra, o Buddha entra em um samādhi particular, e é por meio do poder desse samādhi que Śāriputra traz a questão e Avalokiteśvara responde. Portanto, o que Avalokiteśvara diz é considerado como as próprias palavras do Buddha, que, no fim, são confirmadas duas vezes pelo Buddha, quando ele diz: "Ótimo, ótimo, ó filho de nobre família. Assim é, ó filho de nobre família, assim é". Essas palavras representam o terceiro tipo de palavras do Buddha, isto é, aquilo que ele diz diretamente. É possível que algumas vezes o Buddha tenha pensado: "Desta vez, vou deixar outra pessoa fazer o trabalho e apenas darei meu selo de aprovação". Assim, nesse sūtra, temos todas as três formas do que é considerado palavras do Buddha — seu discurso efetivo e direto, a fala por meio de outra pessoa por intermédio de bênção e a fala por meio de outra pessoa por permissão concedida.

O TÍTULO

Sabedoria transcendente mãe repleta de qualidades

O título completo do Sūtra do Coração é:

O Sūtra do Coração da Gloriosa Mãe
Prajñāpāramitā

O sânscrito *Bhagavatīprajñāpāramitāhṛdayasūtra* literalmente significa "o sūtra do coração (ou a essência) da Bhagavatī Prajñāpāramitā". Os significados de *prajñāpāramitā* e *sūtra* já foram discutidos longamente na Introdução. *Bhagavat* significa "possuir fortuna", "próspero", "glorioso", "ilustre", "divino", "adorável" ou "venerável". Em sânscrito, prajñāpāramitā é uma palavra feminina, então a palavra feminina correspondente *bhagavatī* significa algo como "sua gloriosa mãe divina". Além disso, no budismo, a sabedoria é considerada feminina, enquanto a compaixão ou meios hábeis é considerada masculina. Assim, prajñāpāramitā geralmente é retratada como uma deidade feminina, que também é chamada de "a mãe de todos os buddhas". Na verdade, ela não é apenas a mãe de todos os buddhas, mas de todos os praticantes dos caminhos budistas, tradicionalmente, descritos como "os quatro tipos de seres nobres", que são os śrāvakas, pratyekabuddhas, bodhisattvas e buddhas. É claro, a prajñāpāramitā não é a mãe dos quatro num sentido físico, como uma mãe humana e seus filhos. É a realização do que a prajñāpāramitā é — sabedoria não conceitual e não dual — que dá origem aos estados de mente que são referidos como sendo um arhat, um bodhisattva e um buddha.

Quando analisamos o que as palavras do título do sūtra significam em maiores detalhes, *bhagavat* é um epíteto comum para o Buddha (como encontrado no início do Sūtra do Coração), então Prajñāpāramitā é considerada uma buddha. *Bhaghavat* é frequentemente traduzido como "o abençoado", mas, além dos significados já mencionados, o termo em sânscrito tem muitas outras conotações. Nos comentários, o termo é interpretado como tendo três significados — "destruir", "ser dotado" e "transcender", que também se refletem na tradução tibetana do termo. O que a Prajñāpāramitā destrói? Ela destrói nossos obscurecimentos e as atividades dos māras, que se referem a todos os tipos de impedimentos externos, internos e obstáculos.

Em segundo lugar, ela é dotada de seis fortunas, ou seis riquezas. A primeira delas é "soberania" ou "maestria", que se refere a ter superado todos os obscurecimentos (aflições e obscurecimentos à onisciência) e a ser a única soberana ou senhora da mente iluminada.

A segunda fortuna é ser "dotada com os dharmas", isto é, as qualidades de um buddha, como os dez poderes, os quatro destemores e as dezoito qualidades únicas. Entre as cinco sabedorias búdicas, isso nada mais é do que a sabedoria do dharmadhātu, que representa o espaço fundamental no qual as outras quatro sabedorias atuam. Aqui, quando falamos sobre dharmadhātu, não se trata apenas de um sinônimo para a mera vacuidade, mas se refere à natureza da nossa mente, que é a expansão experiencial da união de consciência lúcida e da vacuidade. Essa natureza da nossa mente é dotada de uma pureza dupla. Em si mesma, é sempre intrínseca e naturalmente pura. No entanto, em termos do resultado do estado búdico, há mais a ser dito a respeito dela, porque o estado búdico significa que essa mesma natureza da nossa mente também é pura, livre de quaisquer máculas adventícias que anteriormente pareciam obscurecê-la. Embora a natureza da mente seja primordial e completamente pura, da perspectiva dos seres sencientes que não percebem a sua pureza, no fim do caminho, parece que há uma pureza adicional, uma vez que a natureza da mente agora é tanto naturalmente pura como também é livre de máculas adventícias. Por exemplo, mesmo que o sol esteja atrás das nuvens, em si mesmo ele é sempre desobstruído. No entanto, em um dia cinzento, da nossa perspectiva abaixo das nuvens, ele está obscurecido. Ainda assim, esse parece ser o caso apenas da nossa perspectiva, mas não da perspectiva do próprio sol.

Assim que as nuvens desaparecem, vemos o sol, e nos parece que o sol não está mais obscurecido pelas nuvens. Mas se perguntássemos ao sol se ele se sentia obscurecido ou esmaecido, ele diria apenas: "Do que você está falando? Eu sempre estive livre das nuvens. O problema é seu se você pensa que eu fui obscurecido". Da mesma forma, a natureza de nossa mente é sempre pura por natureza, não tem quaisquer problemas ou obscurecimentos, mas do ponto de vista da confusão ou da ignorância, primeiro parece haver obscurecimentos, e então parece haver liberdade de obscurecimentos, que é o segundo tipo de pureza. Porém, do ponto de vista da natureza da mente em si, nada disso chegou a acontecer em momento algum, que é o primeiro tipo de pureza — pureza natural.

A terceira qualidade ou fortuna é "fama", que se refere aos dois kāyas da forma de um buddha. A qualidade acima de pureza dupla do dharmadhātu representa o dharmakāya, que é completamente inacessível e não pode ser percebido por ninguém, exceto por um buddha. "Fama" indica como os buddhas são conhecidos no mundo, que não é por meio do dharmakāya, mas sim dos kāyas da forma. Entre as cinco sabedorias, essa qualidade corresponde à sabedoria semelhante a um espelho.

A quarta fortuna ou riqueza é "glória", que se refere à sabedoria da igualdade. A quinta é "sabedoria", que se refere especificamente à sabedoria discriminativa. Por fim, a sexta é "esforço", que se refere à sabedoria que tudo realiza.

Em suma, as seis fortunas ou riquezas da Bhagavatī Prajñāpāramitā consistem nas cinco sabedorias búdicas e na liberdade de todos os obscurecimentos (a primeira fortuna). Assim, essas seis qualidades representam uma versão estendida das duas qualidades clássicas do estado búdico — eliminação consumada e realização consumada, sendo que a última é dividida nas cinco sabedorias.

Entre essas cinco sabedorias, a sabedoria do dharmadhātu não é nada além da natureza fundamental da mente como ela é, que é espacialidade e luminosidade inseparáveis. No termo "sabedoria do dharmadhātu", "dharmadhātu" representa a qualidade da mente de espacialidade infinita na qual não há nada a que se agarrar, enquanto "sabedoria" se refere à qualidade de consciência lúcida ou estado desperto.

A sabedoria semelhante a um espelho significa que a sabedoria de um buddha é capaz de ver tudo de forma muito clara e sem confusão. Todos os fenômenos são refletidos na sabedoria do espelho exatamente como em um espelho. Como um espelho, essa sabedoria é completamente imparcial em relação a qualquer coisa que apareça nela, e não tenta possuir qualquer coisa. Ela não pensa: "Este sou eu", "Isto é meu", "Isso é o outro", "Isso é bom" ou "Isso é ruim". A sabedoria do espelho apenas mostra o que está lá, é um tipo panorâmico de pura consciência.

A sabedoria da igualdade destaca ainda mais a noção de ser imparcial. Na sabedoria de um buddha, não há eu ou outros, não há bom ou ruim, não há sujeito ou objeto. Essa sabedoria não inclui apenas a qualidade cognitiva da ausência de tendências, mas também a qualidade emocional ou afetiva de igualdade. Isso significa ter uma mente imparcial com relação a todos os seres sencientes, sem distinguir entre eu e outro, ou seres agradáveis e desagradáveis. Em outras palavras, isso se traduz como uma compaixão sem referenciais que tudo abrange.

A sabedoria discriminativa tem o sentido de que, embora não haja tendências com relação ao que quer que apareça na sabedoria do espelho, ainda há uma discriminação clara como um cristal de cada detalhe de cada fenômeno. Na verdade, não ser tendenciosa é o que permite e aumenta essa clareza afiada de percepção, que também aparece em nossa experiência comum. Se tivermos alguma ideia fixa e tendenciosa sobre alguém, assim que a pessoa aparecer, nós nem mesmo olharemos adequadamente para os detalhes de sua aparência, mas focaremos a nossa própria imagem mental tendenciosa dessa pessoa, o que, é claro, não reflete realmente como essa pessoa de fato é. Do mesmo modo, se não tivermos tendências ou ideias rígidas sobre alguém ou sobre algo, podemos ver claramente o que está acontecendo em cada situação, e também o que está acontecendo nas mentes de outros seres sencientes e o que eles necessitam. Essas quatro sabedorias até agora podem ser resumidas nas duas categorias de conhecimento e motivação.

A última — a sabedoria que tudo realiza — é a que leva os buddhas a efetivamente fazerem algo sobre tudo isso. Eles veem tudo muito clara e precisamente e sem qualquer tendência.

Por verem a igualdade de si mesmos e dos outros, eles também veem que os seres sencientes sofrem devido à ignorância sobre o seu verdadeiro estado, o que leva os buddhas a fazerem algo sobre esse sofrimento. Portanto, a sabedoria de um buddha não é apenas saber tudo sobre tudo e, em seguida, recostar-se e deixar o mundo rolar por conta própria. Significa saber tudo sobre sofrimento e felicidade, incluindo suas causas, ter a motivação de beneficiar os outros por meio desse conhecimento, e também ter o poder de realizar esse benefício. Esses três elementos devem ser reunidos ou a sabedoria búdica não trará benefícios. Apenas saber de tudo não ajuda ninguém. Mesmo que tenhamos motivação para ajudar outras pessoas, apenas ela também não as ajuda de verdade, precisamos ter tanto o conhecimento como os meios para ajudar os outros de uma forma poderosa e eficaz. Todos os três reunidos constituem um buddha, que é o que *bhagavat* significa — ser dotado de todas essas qualidades e também livre de todos os obscurecimentos e obstáculos para que elas possam se manifestar.

É importante entender que as cinco sabedorias búdicas não são cinco entidades diferentes ou qualidades estáticas de uma entidade, mas representam vários processos que cooperam e se complementam, representando as principais atividades funcionais da única sabedoria não conceitual de um buddha. A sabedoria do espelho é como uma tela de TV que tudo abrange e que simplesmente reflete o que está lá, fornecendo assim os "dados brutos" a serem processados e usados. A sabedoria discriminativa significa olhar intencionalmente para essa tela e ver claramente todas as suas informações distintas, sem se confundir ou misturá-las. A sabedoria da igualdade refere-se a ser empático, mas sem qualquer tipo de julgamento sobre as informações vistas na tela, bem como não distinguir entre aquele que vê e o que é visto. A sabedoria que tudo realiza representa o impulso resultante de agir de forma altruísta sobre aquilo que é visto.

Assim, a sabedoria búdica não conceitual reflete todos os seres sencientes e fenômenos dentro do campo de atividade de um buddha sem qualquer tendência e preocupação pessoal (sabedoria do espelho). Ao mesmo tempo, esta sabedoria não-conceitual percebe todos esses seres e fenômenos nos menores detalhes, tais como são, com um discernimento perfeitamente claro e sem quaisquer projeções ou sobreposições pessoais (sabedoria discriminativa). A sabedoria não conceitual também é completamente não dual, o que não só se refere à sua estrutura perceptiva (sem a dualidade sujeito-objeto), mas também à sua "inteligência emocional". Ela não considera o saṃsāra como algo ruim a ser evitado, nem o nirvāṇa como algo bom onde repousar. Ela não tem qualquer apego ou aversão a qualquer pessoa ou coisa, mas vê a natureza búdica de todos os seres, o que não é diferente em essência do próprio estado búdico, sendo assim naturalmente amorosa e compassiva com todos aqueles que não veem assim (a sabedoria da igualdade). A sabedoria do dharmadhātu oferece o espaço infinito dentro do qual tal conhecimento vasto e profundo, compaixão, e atividade iluminada são possíveis. Em virtude de todas essas características, a sabedoria não conceitual é o modo mental de operação mais eficiente possível. Está subjacente a tudo o que, da perspectiva daqueles a serem beneficiados, aparece de uma forma livre de esforços, não premeditada e ininterrupta (sabedoria que tudo realiza) como uma atividade útil de um buddha.

Quanto ao terceiro significado de *bhagavatī*, a sílaba *vān* em *bhagavān* (o nominativo masculino) é interpretada como o "vāṇ" em "nirvāṇa". Nesse sentido, *bhagavatī* tem a qualidade de transcendência, especificamente a qualidade de ter atingido o "nirvāṇa livre de referenciais" que é o estado de não estar nem no saṃsāra nem no nirvāṇa unilateral dos arhats como um lugar privado e tranquilo para relaxar. Se não estivermos em nenhum desses dois, onde estaremos? Estaremos simplesmente completamente perdidos... É sério, os buddhas podem estar em qualquer lugar que quiserem, em quantos lugares quiserem e sob quantas formas quiserem porque não estão vinculados a um local, nem física nem mentalmente. Arhats ainda estão presos a um lugar, eles não podem voltar ao saṃsāra, mas estão presos em seu pequeno nirvāṇa pessoal. Isso significa que eles não podem ajudar ativamente outros seres sencientes que ainda estão no saṃsāra, enquanto os buddhas podem aparecer em qualquer lugar no saṃsāra ou nirvāṇa a qualquer momento, não há obstrução. Portanto, o "nirvāṇa livre de referenciais" não é o nirvāṇa clássico de atingir a liberação apenas para o nosso benefício próprio. É muito mais do que isso, porque os buddhas não estão apenas livres do saṃsāra, eles ainda estão ativos para o bem-estar dos seres sencientes. Eles não estão recuando e aproveitando os benefícios pessoais do seu seguro de aposentadoria.

Esses três significados de *bhagavatī* — destruir todos os obscurecimentos, ser dotada de todas as qualidades, e ir além de saṃsāra e nirvāṇa — também compõem a tradução tibetana (*chomdendé*) desse termo. Superar os dois obscurecimentos é a qualidade de eliminação. Possuir o dharmakāya de sabedoria é a qualidade da realização. A qualidade de transcendência significa estar além de saṃsāra e nirvāṇa e ainda ser capaz de aparecer em qualquer lugar dentro deles sem ser afetado.

O coração da mãe de todos os buddhas

A próxima palavra no título é *hṛdaya*, que significa "coração", tanto no sentido físico como no sentido metafórico; o centro, núcleo ou essência de algo; ou a melhor, mais cara ou mais secreta parte de algo. Então, podemos dizer que esse sūtra é como o coração dos sūtras prajñāpāramitā, que, por sua vez, são como o resto do corpo. Ele é o cerne da questão dos ensinamentos prajñāpāramitā, o ensinamento sobre a vacuidade. O Sūtra do Coração é a essência do coração ou a quintessência de todos os sūtras prajñāpāramitā, aquele que contém sua mensagem na forma mais condensada. Ele ensina o significado essencial desses sūtras brevemente e de uma maneira muito direta, mas, ao mesmo tempo, exaustiva. Nada é deixado de fora — em termos da essência, não encontramos nada nos sūtras prajñāpāramitā mais longos que não esteja contido no Sūtra do Coração. Portanto, o Sūtra do Coração é como o coração em nosso corpo, que está em seu centro, é seu órgão mais essencial, e também é o que mantém o corpo inteiro vivo e funcionando. Na Ásia, o coração é também considerado a localização da mente (não o cérebro, como no Ocidente). Isso significa que o coração é onde a nossa mente e as nossas emoções estão — bem o centro da nossa existência. Nesse sentido, o Sūtra do Coração é a própria essência ou o próprio núcleo de tudo o que o Buddha tinha a dizer.

Entre os outros sūtras prajñāpāramitā, o de cem mil linhas pode ser considerado semelhante ao tronco; os de 25 mil e 18 mil linhas, as pernas; os de 10 mil e 8 mil linhas, os braços; o de 2 mil e quinhentas linhas, a cabeça; os versos da *Prajñāpāramitāsaṃcayagāthā*, a boca; o Sūtra do Diamante, o cérebro; os restantes são pés, mãos, dedos dos pés e dedos das mãos; e aquele em uma única letra, um único pelo no corpo.

O PRÓLOGO

O texto do sūtra, de fato, inicia com o prólogo (ou o cenário), começando com:

Assim eu ouvi.

Essa é a frase padrão com a qual cada sūtra começa, que é a observação introdutória daquele que memorizou o sūtra depois de tê-lo ouvido pessoalmente. As palavras do Buddha não foram escritas por centenas de anos, sendo transmitidas apenas oralmente. Para pessoas da era multimídia, em que tudo está sendo gravado por máquinas em formato digital ou cópia impressa, isso pode parecer estranho e não confiável, mas a transmissão oral do conhecimento foi ao longo de muitas gerações, e, às vezes, ainda é, um fenômeno muito comum em muitas sociedades e culturas ao redor do globo, mesmo após o advento da escrita. Por exemplo, na Índia, por milhares de anos, os Vedas não foram registrados por meio da escrita de modo algum, mas eram transmitidos oralmente de professor para aluno. Não só as pessoas tinham memórias melhores naqueles tempos, mas elas também tinham técnicas de memorização incrivelmente sofisticadas e complexas. Por exemplo, mesmo depois de os Vedas terem sido escritos, os estudantes não apenas memorizavam uma página linha a linha de cima para baixo, mas também o contrário, de baixo para cima e até diagonalmente. Para isso, eles colocavam as palavras em gráficos com pequenas caixas, quase como uma palavra cruzada, e então poderiam aprendê-las a partir de qualquer direção. O resultado disso era uma recordação perfeita de toda a página. Mesmo que tivessem esquecido uma palavra em algum lugar, sempre poderiam voltar a ela por várias dessas avenidas mnemônicas. A transmissão oral era a forma tradicional de preservar a tradição por muitos milhares de anos. Assim, pelo menos na Índia, isso não era nada de especial, era algo completamente normal.

Quanto às palavras do Buddha em particular, após sua morte, seus seguidores se reuniram em concílios em certos momentos, durante os quais os arhats principais que eram considerados especialistas em um aspecto particular dos ensinamentos do Buddha recitavam o que lembravam. Os outros ouviam, ocasionalmente falavam se lembravam de algo diferente e, por fim, os presentes concordavam com uma versão oficial. Um dos principais arhats a quem haviam sido confiadas as palavras do Buddha e que se lembrava de muitas delas era Ānanda, o atendente do Buddha por muitos anos. Em particular, diz-se que Ānanda foi aquele a quem o Buddha confiou a preservação dos sūtras prajñāpāramitā. Dessa forma, a frase "Assim eu ouvi" é uma indicação de um narrador de um sūtra (como Ānanda) dizendo: "Isto é o que eu ouvi do Buddha e o que estou repassando para vocês". É assim que as palavras do Buddha foram transmitidas de uma pessoa para outra. Quando os ensinamentos foram finalmente registrados por escrito, a frase "Assim eu ouvi" foi mantida no início de cada sūtra como símbolo desse processo de uma linhagem ininterrupta de transmissão.

O tempo excelente

Diz-se que a introdução do Sūtra do Coração ensina "as cinco excelências" em termos do tempo, do professor, do lugar, do séquito e dos ensinamentos. O tempo excelente é indicado por "Assim eu ouvi. Uma vez...". Obviamente isso não é muito específico. Os comentários dizem que o "tempo" aqui se refere ao tempo em que a virtude tinha amadurecido na mente da audiência ao ponto de ser possível para o Buddha dar esses ensinamentos. Também há diferentes relatos sobre quando os sūtras prajñāpāramitā foram ensinados. Por exemplo, diz-se frequentemente que todos eles foram ensinados de maneira simultânea, mas que pessoas diferentes na audiência ouviram diferentes versões, como as de cem mil, 25 mil, ou 8 mil linhas, e assim por diante. Outros dizem que alguns desses sūtras foram ensinados ao mesmo tempo, e outros, não. Alguns comentaristas dizem até mesmo que todos os sūtras prajñāpāramitā foram ensinados em um único instante. Também podemos ver nos sūtras mais longos que, assim como hoje, durante uma sequência mais longa de ensinamentos, novas pessoas continuavam chegando à audiência. Por exemplo, o Buddha começou a ensinar para a audiência original, que pode ter sido constituída por seres humanos, e de repente apareceram alguns deuses que também queriam ouvir. Então, o Buddha basicamente começou tudo de novo, mas em um estilo diferente, explicando o mesmo tópico de um ângulo diferente.

Em sânscrito, "Assim eu ouvi" traduz-se como *evaṃ mayā śrutam*. A palavra *evam* é muito importante nos ensinamentos budistas em todos os níveis. Literalmente, ela significa apenas "assim". No entanto, diz-se que suas duas sílabas *e* e *vam* representam as sílabas-raiz de todos os ensinamentos do Buddha. Elas são como os pais de todas as letras do sūtra, o pai e a mãe de todos os 84 mil dharmas que o Buddha ensinou. Também se diz que *e* e *vam* simbolizam prajñā e meios hábeis, respectivamente. Ou *e* representa a vacuidade e *vam* a compaixão, que são os dois grandes princípios que, do ponto de vista Mahāyāna, resumem todos os ensinamentos do Buddha.

O professor excelente

O professor excelente do Sūtra do Coração é

> o Bhagavān.

O professor aqui não é nenhum instrutor ou palestrante comum, mas o Buddha Śākyamuni, um ser plenamente desperto que possui todas as qualidades que foram explicadas anteriormente em termos da Bhagavatī Prajñāpāramitā — tendo eliminado todos os obscurecimentos, sendo dotado das cinco sabedorias e tendo transcendido saṃsāra e nirvāṇa.

PERGUNTA: Os ensinamentos sobre os caminhos e bhūmis tendem a ser muito detalhados. Nunca ficou claro para mim se todos esses ensinamentos estão realmente incluídos em algum lugar nos sūtras ou se eles são a imaginação dos comentaristas...

KB: Essa é uma questão interessante. Eu diria que depende da sua visão. Muitas coisas que encontramos nos comentários sobre os caminhos e bhūmis não são encontradas explicitamente nos sūtras. Por exemplo, os sūtras prajñāpāramitā têm nomes diferentes para alguns dos cinco caminhos e os nomes dos dez bhūmis nem mesmo são mencionados em nenhum desses sūtras, nem eles os descrevem. Também não há uma descrição sistemática dos cinco caminhos nesses sūtras em sua ordem usual, começando com o caminho da acumulação. Existem passagens e partes de sūtras de todos os tipos que são tidas como descrições desses caminhos pelos comentaristas. Às vezes, eles tomam apenas uma única palavra no sūtra e dizem que descreve, por exemplo, o caminho da visão, o que alguém como eu nunca teria imaginado. Então, em uma leitura superficial dos sūtras prajñāpāramitā ou do ponto de vista de um ser comum, podemos dizer que muitos dos ensinamentos sobre caminhos e bhūmis que esses sūtras supostamente contêm foram compostos por pessoas que vieram depois. Por outro lado, parece que isso também depende do quão profundamente entendemos o significado do que o Buddha estava ensinando na época e ao que ele pode estar se referindo implicitamente ou de forma oculta, o que pode ter desencadeado coisas diferentes nas mentes de pessoas diferentes. É claro, não é que o Buddha nunca tenha ensinado sobre os cinco caminhos, os dez bhūmis, e assim por diante, há muitas coisas sobre eles em outros sūtras, mas, nos sūtras prajñāpāramitā em si, o tema dos caminhos e dos bhūmis não é nem um pouco óbvio.

É por isso que esse tópico é chamado de "o significado oculto" dos sūtras prajñāpāramitā, e é pela mesma razão que Maitreya compôs o seu *Ornamento da Clara Realização*, cujo significado ainda é bastante oculto, mas, pelo menos, é um pouco mais claro em termos dos caminhos e bhūmis de fato. Maitreya geralmente apresenta apenas certas frases-chave dos sūtras, mas ainda precisamos dos comentários para detalhar os significados exatos e as implicações completas dessas frases. Muitas partes do *Ornamento da Clara Realização* não são nada óbvias. Muitas vezes, ele lista apenas uma palavra em 50 ou cem páginas nos sūtras e a palavra seguinte é encontrada 50 ou cem páginas depois. Portanto, o texto é mais como uma forma extremamente condensada de *Reader's Digest* em termos dos sūtras prajñāpāramitā. É claro, se tentarmos ler apenas ele, sem o contexto dos sūtras, não faz nenhum sentido, então precisamos tanto dos sūtras como dos comentários para nos dizer o que ele significa. Mas então também obtemos muitas interpretações diferentes em comentários diferentes, às vezes até o oposto. Assim, podemos ver que todo o trabalho de explicar os cinco caminhos e os dez bhūmis é muito fluido e evanescente. Em si mesmo, esse já é um excelente ensinamento sobre a vacuidade, que, afinal, é o que devemos realizar nesses caminhos e bhūmis. Em outras palavras, não devemos solidificar todas essas descrições de caminhos e bhūmis ou levá-las muito a sério como sendo apenas de um jeito e não de outro. Caso contrário, estaremos de volta à estaca zero, substituindo a prisão aos nossos caminhos e bhūmis samsáricos, ordinários e complicados pela prisão a algum modelo igualmente rígido de caminhos e bhūmis que supostamente nos libertam dos primeiros. Esses ensinamentos sobre como realizar a vacuidade destinam-se a tornar nossa mente mais flexível, aberta, espaçosa e relaxada e a romper com nossos conceitos solidificados, e eles não foram apresentados para nos dar ainda mais dores de cabeça.

PERGUNTA: Você poderia falar um pouco sobre o uso de um mantra como o mantra da prajñāpāramitā e como a recitação de OṂ GATE GATE PĀRAGATE PĀRASAṂGATE BODHI SVAHA pode ser usada na meditação?

KB: O mantra é, basicamente, o coração do Sūtra do Coração, cujo significado completo considera-se estar condensado nesse mantra. Portanto, quando recitamos o mantra, estamos reproduzindo o Sūtra do Coração de uma forma muito breve. Além disso, diz-se que o mantra reflete os cinco caminhos, mas chegaremos aos detalhes mais adiante. Em essência, quando recitamos o mantra, ele fornece um foco para a nossa mente em termos de vacuidade. Ele literalmente significa algo como: "Ido, ido, ido além, ido completamente além, que se dê a iluminação". Às vezes, diz-se que esse mantra foi pronunciado pela primeira vez por Avalokiteśvara no fim da sua resposta a Śāriputra nesse sūtra, que parece ter sido o momento em que ele soltou os apegos completamente. Ele atravessou o penhasco, ele havia ido, ido além, ido completamente além de qualquer ponto de referência, tendo se desapegado de tudo o que sabemos e somos. Nesse sentido, o mantra não é apenas um lembrete disso, mas, na verdade, um portal para nos conectarmos com essa experiência de desapego completo e, como Milarepa canta em uma de suas canções: "Vá onde nenhuma mente vai". Dessa forma, a primeira parte do mantra é como o caminho e BODHI SVĀHĀ é a fruição. Basicamente, poderíamos dizer que o mantra é um lembrete e um estímulo amigável para se desapegar (ao contrário de outros estímulos que podem não ser tão amigáveis).

O local excelente

Entre as cinco excelências, a terceira é o lugar excelente, que é:

> na Montanha dos Abutres, em Rājagṛha.

A maior parte das traduções do Sūtra do Coração traduz as palavras em sânscrito *gridhrakūṭa parvata* como "Montanha do Pico dos Abutres". Entretanto, *kūṭa* pode significar tanto "pico" quanto "bando". Os comentários, em geral explicam esse termo com o último significado, o que também se reflete na tradução tibetana, que utiliza a palavra "monte" ou "grupo" (*phungpo*), em vez de "pico". Assim, *gridhrakūṭa* significa um bando de abutres. De acordo com alguns comentários, a montanha recebeu seu nome pelo formato de suas formações rochosas, que se assemelham a um bando de abutres amontoados, o que realmente pode ser visto quando se está lá. Outros dizem que a montanha inteira se parece com um abutre. Alguns sustentam que o nome vem dos bandos de abutres que normalmente pousam no topo daquela montanha e são, na verdade, seres que compreendem a vacuidade. Outros, ainda, dizem que o nome se deve a abutres que protegem a montanha, onde muitas dessas aves se alimentam de cadáveres. Outra explicação é que, quando o Buddha estava ensinando lá, suas vestes foram arrancadas por um demônio na forma de um abutre e depois jogadas na montanha, onde elas se transformaram em pedra em quatro camadas. Não importa qual dessas interpretações seja a nossa preferida, o lugar onde todos os sūtras prajñāpāramitā foram ensinados é considerado um local especial.

O séquito excelente

Em quarto lugar, o séquito excelente consiste em:

> uma grande assembleia de monges completamente ordenados e uma grande assembleia de bodhisattvas.

Como podemos ver no epílogo do Sūtra do Coração, havia muitos seres na plateia, incluindo deuses, semideuses e todos os tipos de seres míticos, assim, os dois tipos de saṅgha aqui explicitamente mencionados apontam para as pessoas mais eminentes na audiência. Aqui, a "assembleia de monges completamente ordenados (*bhikṣus*)" refere-se a toda a saṅgha ordenada na abordagem fundamental do budismo, ou seja, tanto os noviços quanto os monges e monjas completamente ordenados. A "grande assembleia de bodhisattvas" é mencionada separadamente não apenas para distinguir a saṅgha dos seguidores do Mahāyāna, mas também porque os bodhisattvas podem ser monásticos ou não e, como podemos ver nos sūtras, muitos deles são, na verdade, praticantes leigos. Em termos da abordagem budista fundamental, ser um monástico é algo fortemente enfatizado como o ideal do praticante budista. É sempre dito claramente que, enquanto não formos monásticos, não poderemos realmente praticar de forma apropriada. O papel dos budistas leigos é principalmente praticar a generosidade com relação à comunidade monástica, que ainda é o cenário tradicional nos países budistas asiáticos. Em contraste, no Mahāyāna, o caminho do bodhisattva está aberto a todos e pode ser praticado tanto por monásticos como por não monásticos, homens ou mulheres. Originalmente, o monasticismo não era tão fortemente enfatizado nos ensinamentos Mahāyāna, embora isso tenha mudado mais tarde.

Assim, a audiência humana do Sūtra do Coração consistia das saṅghas de śrāvakas, pratyekabuddhas e bodhisattvas. Os śrāvakas são chamados "ouvintes" porque eles ouvem os ensinamentos do Buddha ou de algum outro professor e depois os proclamam a outros, fazendo, dessa forma, com que também ouçam as palavras do Buddha. Os pratyekabuddhas são "buddhas solitários" ou "buddhas autônomos", porque alcançam sua fruição sem um professor. Durante um período de cem éons, eles confiam nos professores e ouvem suas instruções, estudando e praticando da mesma forma que os śrāvakas. Entretanto, em sua última vida, na qual alcançaram o estado de arhat de um pratyekabuddha, em virtude de suas preces de aspiração anteriores, eles nascem em uma situação em que não há buddhas. Nesse ponto, eles não têm um professor, mas, devido ao seu treinamento anterior, quando veem um osso ou um esqueleto, imediatamente a cadeia dos doze elos da originação dependente é disparada neles em ordem inversa. Ou seja, ao verem um osso, eles imediatamente pensam: "Ah, sim, isso vem da morte, e a morte vem do envelhecimento, que vem do nascimento, que vem do vir a ser e do apego", e assim por diante. Dessa forma, eles recuam por meio dos doze elos até a ignorância. Portanto, sua meditação principal é sobre os doze elos da originação dependente. Existem dois tipos de pratyekabuddhas. Os do tipo "rinoceronte" preferem ficar e praticar sozinhos, são os típicos buddhas solitários que não se misturam com ninguém. Por sua vez, os do tipo "papagaio" praticam juntos, em pequenos grupos, nas florestas e em outros lugares retirados. Além disso, os pratyekabuddhas geralmente não ensinam aos outros por meio de palavras, mas sim pela realização de feitos milagrosos, que geram inspiração para o Dharma nas pessoas.

Os bodhisattvas são aqueles que praticam os ensinamentos Mahāyāna do Buddha. Se analisarmos a palavra *bodhisattva*, *bodhi* significa "iluminação", "realização" ou "despertar", e *sattva* pode significar "ser", "mente" ou "corajoso". É por isso que algumas pessoas chamam os bodhisattvas de "heróis ou guerreiros iluminados". Em resumo, os bodhisattvas são seres que se dedicam à iluminação ou que têm a iluminação em sua mente, tendo gerado bodhicitta, a mente da iluminação. Poderíamos também dizer que eles são aqueles que têm coragem suficiente para se dedicarem à iluminação. Por que eles precisam de coragem para isso? Os bodhisattvas não têm medo de três coisas — do número infinito de seres sencientes que se espera que eles conduzam à iluminação (uma vez que fizeram o voto de bodhisattva), do tempo infinito necessário para conduzi-los à iluminação e das infinitas dificuldades que têm de atravessar para fazer tudo isso (tanto para se tornarem buddhas para si mesmos como para trabalhar com outros seres sencientes muitas vezes difíceis). Como todos nós sabemos, nem sempre é uma jornada prazerosa quando tentamos ajudar as pessoas.

Nas introduções aos sūtras prajñāpāramita mais longos, há, em geral, descrições mais extensas do cenário, como a descrição de todas as qualidades que os śrāvakas, pratyekabuddhas e bodhisattvas presentes têm. Esses sūtras também descrevem longamente o que o Buddha fez antes de começar efetivamente a ensinar de forma oral, tal como extensas exibições de seus poderes milagrosos (irradiando luz por todo o universo e assim por diante). Porém, não temos de lidar com essas descrições aqui, porque esse é o Sūtra do Coração.

O ensinamento excelente

Em quinto lugar, o ensinamento excelente é identificado no prólogo especial do Sūtra do Coração. Sua introdução comum (ou prólogo), que é — em maiores ou menores detalhes — comum a todos os sūtras prajñāpāramitā, termina com "uma grande assembleia de bodhisattvas". A frase seguinte identifica o ensinamento excelente:

> Naquele momento, o Bhagavān entrou no samādhi das enumerações dos fenômenos, chamado, "percepção do profundo".

O Buddha entrou nesse samādhi especial, e é a partir desse estado meditativo ou pano de fundo inspiracional que todo o Sūtra do Coração se desdobra. Assim, o ensinamento do sūtra vem diretamente da mente do Buddha em meditação. Quanto ao "samādhi das enumerações dos fenômenos chamado de 'percepção do profundo'", a maioria dos comentários deixa claro que, entre os muitos significados diferentes de "Dharma", aqui o termo não tem o sentido dos ensinamentos do Buddha, mas se refere a fenômenos. A palavra *Dharma* provém da raiz *dhṛ* ("segurar"). Assim, convencionalmente falando, um fenômeno é o que segura ou sustenta sua própria natureza. Por exemplo, a natureza do fogo é ser quente e ardente. Isso é o que chamamos de fenômeno — algo que tem uma natureza que é diferente de outros fenômenos. "Enumerações" se refere aos diferentes tipos de fenômenos que são as conhecidas categorias budistas de skandhas, dhātus, āyatanas e assim por diante (para detalhes, veja a seguir).

O que significa "percepção do profundo"? Pode significar muitas coisas, dependendo de como lemos as palavras sânscritas *gambhīrāvasaṃbodha* ou *gambhīrāvabhāsa* em diferentes versões do sūtra. *Gambhīra* significa "profundo". *Avasaṃbodha* significa "conhecimento perfeito ou compreensão", "despertar", "perceber", "observar" e "reconhecer", enquanto *avabhāsa* significa "luz", "aparência", "manifestação" e "visão" (o que corresponde à tradução tibetana *nangwa*). Assim, esse samādhi se refere à percepção ou iluminação do que é profundo — não é tanto o que a percepção ou a iluminação em si seja profunda, mas o que é percebido ou iluminado, que é a vacuidade, a natureza profunda dos fenômenos. A percepção nesse samādhi consiste na sabedoria não conceitual e não dual que realiza a profunda vacuidade. Essa sabedoria é o único tipo de percepção para a qual algo tão profundo e difícil de perceber, como a vacuidade, pode realmente aparecer de forma imediata. Por exemplo, não é difícil para os reflexos do sol, da lua e das estrelas aparecerem em um lago, mas é difícil que o espaço inteiro até seus próprios limites se reflita naquele lago. Da mesma forma, é fácil perceber os fenômenos da realidade convencional, mas é difícil perceber a realidade última que é a vacuidade.

A maneira pela qual a sabedoria não conceitual ilumina a vacuidade é ilustrada em um comentário com o exemplo de soprar ar sobre o fogo, o que faz o fogo queimar de modo mais brilhante e, assim, iluminar as coisas, tornando-as claramente visíveis. Da mesma forma, esse samādhi é como soprar ar sobre o fogo de prajñā, tornando, assim, a vacuidade perceptível para a audiência. Por meio do poder desse samādhi, a audiência tem pelo menos um vislumbre do que é a vacuidade. Outra maneira de entender isso é que a profunda luz desse samādhi ilumina a escuridão da ignorância. Em resumo, esse samādhi ilumina ou percebe todos os diferentes tipos de fenômenos que são apresentados nos ensinamentos budistas ao iluminar ou perceber o que há de profundo neles, que é a vacuidade. Isso significa que esses fenômenos em si mesmos são iluminados ou percebidos como uma ilusão — eles aparecem, mas, no nível absoluto, não podem ser encontrados e são irreais.

Um comentário também diz que as duas frases, "percepção do profundo" (ou seja, perceber a profunda vacuidade) e "enumerações de fenômenos" (ou seja, perceber todos os tipos de fenômenos), referem-se aos dois tipos de sabedoria búdica. A primeira representa "a sabedoria da talidade", que realiza como as coisas realmente são. A última é "a sabedoria da variedade", que se refere a conhecer todos os fenômenos em suas distintas formas de aparecer e interagir. Esses dois tipos de sabedoria permitem aos buddhas não apenas conhecer a real natureza última de todos os fenômenos, mas também lidar com os mundos complexos e confusos dos seres sencientes. Se os buddhas apenas repousassem o tempo todo no modo como as coisas realmente são, seria impossível para eles fazer qualquer conexão, ou interagir com os seres sencientes deludidos que percebem todos os tipos de fenômenos, mas não percebem como as coisas realmente são. Como diz o Sūtra do Coração: "Na vacuidade, não há forma, sensação...". Se os buddhas apenas percebessem essa vacuidade sem nenhuma forma, e assim por diante, como eles interagiriam com os seres sencientes que têm, percebem e se apegam a formas, sensações, e assim por diante?

No entanto, se diz que "a sabedoria da variedade" não se refere àquilo que os buddhas realmente percebem da perspectiva de suas próprias mentes, pois todos os seus obscurecimentos — fenômenos comuns, como skandhas, dhātus e āyatanas — foram deixados para trás. Em vez disso, essa sabedoria é um pouco semelhante a quando assistimos a algo na tela de TV. Podemos ver claramente lugares muito distantes na tela, como o Afeganistão, e podemos ver o que está acontecendo lá, como quando vemos as notícias (não as "notícias" da CNN ou da Fox, mas notícias de verdade, como as da BBC). Mas observar o que está acontecendo, por exemplo, na guerra no Afeganistão, não significa que estamos realmente no meio dessa guerra para experienciá-la com todas as suas atrocidades — nós não somos baleados ou bombardeados se assistimos a essa guerra pela TV. Ainda assim, podemos ver todos os detalhes do que está acontecendo lá, reagimos emocionalmente a ela (como, por exemplo, idealmente, sentindo compaixão por todas as vítimas, bem como pelos agressores), e também, podemos fazer algo a respeito (como enviar dinheiro aos Médicos Sem Fronteiras e fazer abaixo-assinados para acabar com a guerra).

Nesse "samādhi da percepção do profundo", o Buddha está absorto ou repousando na natureza da mente, o que também é conhecido como natureza búdica. O poder desse samādhi tem um efeito sobre a audiência na medida em que o Buddha desperta a energia de sua própria natureza búdica para irradiar para a audiência, o que desencadeia uma reação na natureza búdica de todos os presentes. Para usar um exemplo um tanto grosseiro, se dedilharmos uma corda em um único violino entre um conjunto de violinos, as cordas correspondentes em todos os outros violinos também começarão a ressoar sem terem sido tocadas. Aqui o Buddha está tocando a sinfonia completa da natureza búdica, por assim dizer, e a natureza búdica de cada um na audiência se harmoniza da melhor forma possível.

Além disso, se diz que a única razão para o Buddha entrar nesse samādhi no início do Sūtra do Coração foi sua compaixão. De sua parte, o Buddha não tem necessidade de entrar em qualquer tipo de samādhi, pois os buddhas repousam na natureza dos fenômenos o tempo todo. Para eles, não há diferença entre estar em meditação e não estar em meditação. Assim, quando o Buddha entrou naquele samādhi, foi basicamente para fins pedagógicos, ou seja, para instruir os outros. O que o samādhi faz é amadurecer os fluxos mentais da audiência para que o "conteúdo" ou a esfera experiencial daquele samādhi — a natureza profunda dos fenômenos — possa ser percebida por eles também. Esse samādhi representa uma forma imediata e direta de transmissão mente a mente, o que é demonstrado pelo fato de Avalokiteśvara estar em samādhi também. Portanto, poderíamos dizer que existem pelo menos dois níveis de comunicação aqui no Sūtra do Coração. O mais óbvio é que Śāriputra está perguntando e Avalokiteśvara está respondendo, enquanto o restante da audiência está ouvindo. Entretanto, a derradeira fonte de poder desse discurso é o samādhi do Buddha. É isso que realmente dá vida ao discurso nas mentes da audiência. Portanto, o que Śāriputra pergunta e o que Avalokiteśvara responde não é nada mais do que o fluxo natural ou a ressonância daquele samādhi. O diálogo entre eles é o meio hábil, mas sua fonte é a mente do Buddha. Para usar outro exemplo grosseiro, Avalokiteśvara é como um rádio e sua entrada no samādhi é como estar ligado, enquanto o samādhi do Buddha é como um noticiário sendo transmitido. Com a transmissão e o rádio ligado, a audiência pode ouvir o que o noticiário tem a dizer.

Avalokiteśvara — vacuidade com um coração de compaixão

Isso nos leva a Avalokiteśvara e ao que estava fazendo enquanto o Buddha estava em samādhi. O sūtra afirma:

> Ao mesmo tempo, o nobre Avalokiteśvara, o bodhisattva mahāsattva, enquanto praticava a profunda prajñāpāramitā, viu assim: ele viu os cinco skandhas como sendo vazios de natureza.

Assim, o beneficiário mais imediato do samādhi do Buddha foi Avalokiteśvara, por ser o mais próximo da fonte de energia. Quando o Buddha entrou em seu samādhi, Avalokiteśvara sintonizou e viu que os cinco skandhas eram vazios por natureza. Ele viu, essencialmente, o que o Buddha viu.

Quem é essa pessoa, Avalokiteśvara? Ele era um dos oito principais bodhisattvas durante o tempo do Buddha e é visto como a corporificação da compaixão de todos os buddhas, assim como Mañjuśrī é a corporificação de sua sabedoria. Avalokiteśvara significa, literalmente, "o poderoso (*īśvara*) que olha para baixo (*avalokita*)". Avalokiteśvara não nos olha de cima para baixo no sentido negativo dessa expressão, mas ele está olhando de cima para baixo para nós, seres que sofrem no saṃsāra, a partir de sua morada além do saṃsāra com seus olhos tremendamente compassivos. Sua compaixão não é comum, mas não tem referenciais e abrange todos os seres de uma forma imparcial, que é a mais elevada forma de compaixão que podemos ter.

Em geral, o budismo cita três tipos de compaixão, cada uma progressivamente mais sutil e, ao mesmo tempo, mais poderosa. A primeira delas é a compaixão dos seres comuns como a conhecemos, que se concentra nos seres sencientes que sofrem. Nessa compaixão, há um sentido claro de distinção entre aquele que tem compaixão, alguém que é o objeto dessa compaixão e o engajamento mental de ter compaixão. Também podemos desenvolver ainda mais esse tipo de compaixão por meio de técnicas de treinamento mental (*lojong*), tais como *tonglen*, ou outros métodos para cultivar sistematicamente a compaixão na tradição budista. Então, ela se torna uma forma mais "organizada" de compaixão, um tipo de meditação. É referida como "o samādhi de se concentrar nos seres como aqueles que buscam pela felicidade e desejam se livrar do sofrimento". Nesse ponto, não apenas estamos conscientes de que existem seres sencientes lá fora, mas estamos muito claramente conscientes de que eles realmente sofrem, apesar de não estarem buscando nada além da felicidade. Portanto, desejamos que eles se libertem do sofrimento, que é a definição budista de compaixão. Mas é claro, esse tipo de compaixão ainda é grosseiro e dualista, há um senso claro de separação e interação entre sujeito e objeto. Ela pode até ser um pouco duvidosa, como quando nos sentimos pessoas melhores ou superiores que têm compaixão por aqueles que estão em situações tão piores abaixo de nós, que são os receptores da nossa compaixão.

O segundo e mais profundo tipo de compaixão é "a compaixão que foca no Dharma". Isso significa ter compreendido que os seres sencientes carecem de uma essência pessoal e, em seguida, concentrar-se neles como seres que se caracterizam por não possuírem uma essência pessoal real (incluindo nós mesmos). Assim, esse tipo de compaixão se concentra nos seres sencientes como seres deludidos que sofrem por acreditarem que possuem uma essência pessoal, quando, na verdade, não possuem. Dessa forma, a compaixão que foca no Dharma significa que estamos focando mais na causa primária do sofrimento, que é a fixação ao ego. Desenvolvemos compaixão aqui por ver que os seres sencientes sofrem desnecessariamente em decorrência da sua percepção fundamental equivocada a respeito de quem são e de como alcançar a verdadeira felicidade. Portanto, esse tipo de compaixão não é apenas o desejo de que os seres sencientes se libertem do sofrimento, mas também é o desejo de que eles estejam livres da principal causa do sofrimento — a fixação a uma essência pessoal.

O terceiro tipo de compaixão é a compaixão livre de referenciais, que tem a realização de que os seres sencientes não só carecem de uma essência pessoal, mas que não existem de modo algum. Em outras palavras, essa é a compaixão que se baseia na realização da vacuidade de todos os fenômenos. Assim, focamos os seres sencientes como aqueles que se caracterizam pela ausência de existência real — eles são apenas aparências ilusórias. À primeira vista, isso pode parecer contraditório — se não há ninguém, em quem estamos focando e por quem temos compaixão? Além disso, se não há ninguém para focar ou ter compaixão, do que estamos falando? Embora grandes bodhisattvas vejam muito claramente que não há seres sencientes reais ou bodhisattvas em lugar algum, os próprios seres sencientes não veem isso, e por isso sofrem. Portanto, a compaixão de tais bodhisattvas novamente se deve a esses serem capazes de ver os seres sencientes sofrerem por causa de uma percepção equivocada, que aqui é ainda mais profunda do que a do segundo tipo — a percepção equivocada dos seres sencientes ilusórios de que eles e seu sofrimento realmente existem. E os seres não são apenas desprovidos de uma essência pessoal, mas também seus skandhas, aos quais eles se fixam como "eu" e "meu", também não existem de fato. Portanto, a realização de qual é a causa fundamental do sofrimento é ainda mais profunda aqui — não há nada a que se agarrar, e qualquer tentativa que façamos de buscarmos nos agarrar a qualquer coisa é o que gera o nosso sofrimento. Ver que os seres sofrem por não realizarem isso dá origem à compaixão que tudo abarca, mas que não solidifica como o desejo de liberar esses seres ilusórios do seu engano ilusório e de todas as suas consequências ilusórias.

O primeiro tipo de compaixão obviamente existe em todos os seres comuns em maior ou menor grau. Não é preciso ser budista para ter esse tipo de compaixão — às vezes, não ser budista até parece ajudar. A segunda compaixão, com o foco no Dharma em termos do entendimento de que os seres sencientes não têm uma essência pessoal, existe do caminho da acumulação dos śrāvakas em diante. Uma vez que tenhamos entrado no caminho śrāvaka e tenhamos alcançado alguma compreensão de que os seres realmente não têm nenhuma essência pessoal, nossa compaixão é aprofundada por essa compreensão. O terceiro tipo de compaixão em sua forma efetiva só existe a partir do primeiro bhūmi dos bodhisattvas em diante, mas há algo similar no caminho Mahāyāna em geral, mesmo antes do primeiro bhūmi.

Com o primeiro tipo de compaixão, assumimos que os seres sencientes são reais, que somos reais e que o sofrimento é real e desejamos que os seres sencientes reais estejam realmente livres do sofrimento real, então, tudo é muito sério e pesado. Não há nada de errado com esse tipo de compaixão, na verdade, ela é muito necessária aos iniciantes no caminho. No entanto, do ponto de vista budista último, essa compaixão é muito limitada tanto no seu escopo quanto no seu poder — ainda é rígida demais, pois, em última análise, a causa mais fundamental do sofrimento é esse grande engano de tomar pessoas e fenômenos como sendo algo que eles não são. Não há pessoas reais e não há sofrimento real. Quanto mais entendemos isso, mais liberdade mental temos e, inversamente, quanto mais solidificamos nós mesmos, outros seres sencientes e o sofrimento, mais limitada é a nossa compaixão.

Normalmente, pensamos que é o contrário — realmente sofremos e eles realmente sofrem, podemos sentir isso tão intensamente, é tudo tão terrível e deprimente, e só então podemos começar a sentir alguma compaixão verdadeira. Só precisamos assistir ao noticiário diário com um desastre após o outro e ficamos completamente sobrecarregados pela avalanche contínua de sofrimento mundial. Mas quando reificamos e solidificamos tudo isso e carecemos de uma visão mais ampla, não há espacialidade na nossa compaixão, ela é muito claustrofóbica e pesada. Ao mesmo tempo, no Mahāyāna, devemos estender nossa compaixão para todos os seres sencientes, não apenas para alguns. Mas se levarmos o nosso próprio sofrimento e o sofrimento de todos esses seres muito a sério, provavelmente não conseguiremos estender nossa compaixão para além de um punhado de seres, porque seu sofrimento real se torna esmagador demais e não conseguimos suportá-lo. Se pensarmos em todo o sofrimento real e sólido de todos aqueles seres realmente sólidos, que são infinitos em número, é demais. Portanto, aplicar nossa compaixão de todo o coração a todos os seres e ainda sermos capazes de fazer algo a respeito como um bodhisattva só funciona se tivermos um jeito leve e muito espaço em nossa abordagem, o que brota por meio de estudar, refletir, meditar, experienciar e, eventualmente, realizar a vacuidade. Essa é a razão pela qual os bodhisattvas são capazes de permanecer no saṃsāra para sempre sem se afetar por ele de forma alguma. Se olharmos para nós mesmos, os outros seres e todo o seu sofrimento como realmente existentes, é completamente absurdo até mesmo pensar em fazer o voto de bodhisattva. Como poderíamos nós, como seres sencientes individuais realmente existentes, eliminar o sofrimento realmente existente de ilimitados seres realmente existentes? Essa é uma tarefa mais do que assustadora para um único ser comum, então algo tem que mudar aqui: a nossa visão sobre a empreitada como um todo.

Compaixão em ação

A segunda parte do nome Avalokiteśvara significa "poderoso" (*īśvara*). Ele é poderoso porque é verdadeiramente capaz de eliminar o sofrimento dos seres. Os bodhisatvas não têm apenas uma boa motivação na forma desses três tipos de compaixão, mas também são capazes de traduzir sua compaixão em ações benéficas. Iconograficamente, existem várias formas de Avalokiteśvara, com quatro braços e até mil braços e onze cabeças. Isso ilustra que a compaixão de Avalokiteśvara não consiste apenas em algum tipo de desejo silencioso ou em algumas boas intenções (como sabemos, é com elas que a estrada para o inferno está pavimentada), mas significa compaixão em constante ação.

Existe uma história sobre quando Avalokiteśvara ainda tinha apenas duas mãos e uma cabeça e estava ocupado tentando esvaziar os reinos infernais totalmente sozinho, levando o voto de bodhisattva muito a sério. Ele estava trabalhando loucamente para esvaziar os reinos infernais e, por fim, acreditem ou não, ele realmente conseguiu. Então, ele se virou por apenas um momento para fazer uma pausa e respirar profundamente e, quando olhou para trás, os reinos infernais estavam tão cheios quanto antes. Nesse momento, Avalokiteśvara experienciou um pequeno abalo na sua bodhicitta, ele caiu em uma crise motivacional. Então, Amitabha apareceu para ele e disse: "Não se preocupe, de agora em diante, eu lhe darei mais mãos e cabeças". Ele lhe deu mil mãos com um olho em cada mão e, também, mais dez cabeças (incluindo a própria cabeça de Amitabha) para poder ver e fazer mais e, assim, ser mais eficiente. Essa história mostra que, dado o número infinito de seres, é muito difícil algum dia esvaziar realmente o saṃsāra. Ainda assim, os bodhisattvas têm exatamente essa motivação, mas eles só são capazes de realmente levar isso a cabo se as coisas não forem sólidas, porque, caso contrário, enlouqueceriam ou se tornariam ajudantes desamparados e esgotados. É claro que isso não significa que o voto de bodhisatva e a atividade de bodhisattva são apenas algum tipo de jogo, porque, para os seres sencientes o sofrimento não é um jogo, mas algo a ser tratado com urgência. No entanto, para os bodhisattvas, a coisa toda é muito mais leve, porque eles veem a qualidade ilusória de tudo. Isso também significa que o sofrimento dos outros não faz com que os bodhisattvas sofram realmente em termos da sua própria experiência, enquanto nós, em geral, sentimos que não somos compassivos de verdade se não sofrermos pelo menos um pouco com aqueles que vemos sofrendo. A verdadeira compaixão não significa que aqueles que sentem compaixão também têm de sofrer. Na verdade, diz-se que, quando os bodhisattvas veem alguém sofrer, em termos da sua própria experiência, eles ficam felizes, porque têm uma chance de ajudar alguém, que é simplesmente o que eles mais gostam de fazer o tempo todo. É claro que eles não ficam felizes com o sofrimento dos seres, mas ficam felizes porque desejam e são capazes de realmente fazer algo a respeito disso. Isso é um pouco semelhante àquilo que um médico hábil que realmente ama seu trabalho sente quando se depara com uma pessoa ferida, em comparação com uma pessoa sem treinamento médico. O médico fica feliz e imediatamente começa a trabalhar cuidando do paciente, enquanto a outra pessoa muito provavelmente se sente sobrecarregada e pode até mesmo surtar ou desmaiar.

No sūtra, Avalokiteśvara também é chamado de "nobre". No budismo, isso se refere a pessoas que, em termos dos cinco caminhos, estão no caminho da visão ou acima. Ou seja, todos os śrāvakas, pratyekabuddhas e bodhisattvas em seus respectivos caminhos da visão em diante são chamados de "nobres", pois eles viram a realidade verdadeira diretamente. Todos abaixo desses caminhos são chamados de "seres comuns". Em particular, a referência de Avalokiteśvara como um ser nobre significa que, como um bodhisattva no décimo bhūmi, ele está livre dos dois obscurecimentos (obscurecimentos aflitivos e cognitivos).

Além disso, Avalokiteśvara não é apenas um bodhisattva, mas também um "mahāsattva". Um mahāsattva, literalmente, significa alguém que é dotado de uma grande mente. Assim, mahāsattvas são aqueles cujas mentes são vastas o suficiente para se tornarem os mais elevados entre todos os seres — um buddha — e que então trabalham para estabelecer todas as outras pessoas nesse estado também. Em um dos sūtras prajñāpāramitā, Śāriputra diz que os bodhisattvas são chamados "mahāsattvas" porque ensinam o Dharma com o objetivo de abandonar grandes visões errôneas, como a fixação a uma essência pessoal, existência, inexistência, permanência e extinção. Subhūti declara que os bodhisattvas são mahāsattvas, porque eles não estão apegados a nada no caminho do bodhisattva (incluindo bodhichitta e a onisciência de um buddha), nem a qualquer coisa ao longo dos caminhos e nem aos frutos dos śrāvakas e pratyekabuddhas, não importa o quão agradáveis esses caminhos possam ser. De acordo com o comentarista Haribhadra, as razões para chamar grandes bodhisattvas como Avalokiteśvara tanto de "bodhisattva" quanto de "mahāsattva" são as descritas a seguir. Em um sentido geral, "bodhisattvas" são aqueles cujas mentes (*sattva*) ou intenções são direcionadas para a realização de seu próprio bem-estar, ou seja, a iluminação (*bodhi*) como a não fixação a qualquer fenômeno. Contudo, pode-se dizer que os śrāvakas também podem ser assim. Por isso, fala-se de "mahāsattvas". Em segundo lugar, aqueles cujas mentes são direcionadas para a realização do bem-estar dos outros são mahāsattvas, mas pode-se dizer que pessoas altruístas entre as não budistas também podem ser mahāsattvas nesse sentido. Por isso, a palavra "bodhisattva" também é usada.

Não ver o mundo como o conhecemos

Como mencionado antes, por meio da bênção do samādhi do Buddha, Avalokiteśvara também entrou em samādhi, que é expresso aqui como:

enquanto praticava a profunda prajñāpāramitā.

Isso significa que Avalokiteśvara, como todos os bodhisattvas no caminho, praticava a iluminadora conduta das seis pāramitās enquanto repousava na realização do dharmadhātu, ou vacuidade. Assim, ele se engajou na igualdade de tal realização enquanto estava em equilíbrio meditativo, e na conduta fora da meditação formal que é apoiada e permeada por essa realização. Dessa forma, os bodhisattvas se engajam na união de prajñā e meios hábeis, ou nas duas acumulações de mérito e sabedoria. Eles fazem isso por meio das dez atividades do Dharma de escrever as letras do Dharma, venerando tanto o próprio Dharma como aqueles que o proclamam, de praticar a generosidade por ambos, de ouvir o Dharma, de ler o Dharma, memorizá-lo, explicá-lo aos outros, recitá-lo e de refletir e meditar sobre ele.

Enquanto estava envolvido em tal prática, o sūtra diz que Avalokiteśvara "viu" algo, ou seja:

ele viu os cinco skandhas como vazios de natureza.

Isso significa que ele viu que todos os fenômenos nem surgem nem cessam, eles nunca realmente chegam a existir em primeiro lugar, nem deixam de existir depois. É exatamente como uma ilusão ou um filme. Uma pessoa em um filme é fundamentalmente não surgida. Tal pessoa não tem pais, nunca nasceu e não possui certidão de nascimento ou carteira de identidade. A pessoa parece surgir, fazer certas coisas e depois cessar em algum ponto. No entanto, na realidade, nunca houve ninguém em um filme que surgiu ou nasceu e, mesmo que essa pessoa morra no filme, ela não morre de fato. O único lugar onde ela aparece e morre é na nossa mente, na mente do observador. Além disso, os personagens do filme apenas consistem de pontos de luz em movimento em uma tela, na qual projetamos todas as nossas projeções habituais, como o fato desses personagens terem nascido, fazerem certas coisas, sentirem certas emoções, terem certos pensamentos e morrerem de certa maneira. Avalokiteśvara vê através disso tudo, vendo que os cinco skandhas não surgem, não cessam, são vazios de sujeito e objeto e, em geral, são vazios de qualquer natureza própria.

Em geral, diz-se que existem três maneiras diferentes pelas quais os cinco skandhas são vistos. Os seres comuns veem os skandhas como sendo uma pessoa, uma essência pessoal ou um ser senciente. Quando vemos alguém passando pela porta, dizemos: "Essa é a Jean" ou "Aquele é o John". No entanto, tudo o que vemos é alguma cor e forma em movimento, que tratamos como uma pessoa. Claro que isso não é tudo que há a respeito dessa pessoa, porque há a mente dela, que não podemos perceber. As únicas coisas de uma pessoa que podemos realmente perceber são o que os nossos sentidos nos dizem, enquanto o resto é uma completa imputação da nossa parte. Não podemos perceber nada do que se passa na mente dessa pessoa. Apenas fazemos suposições e julgamentos com base em sinais externos em termos de seu corpo e fala, bem como de acordo com nossos próprios humores e preconceitos. Quando vemos alguém entrando pela porta e o rotulamos como "Jean" ou "John", já podemos ver o quanto sobrepomos em uma mera percepção visual. Também é claro que o grau das nossas sobreposições é baseado nas nossas experiências anteriores e no estado de preocupação emocional com o que percebemos. Se vemos alguém que conhecemos há muito tempo vindo, há imediatamente todo um complexo de sobreposições com base no passado, como, por exemplo, considerar essa pessoa como um amigo (um objeto agradável e atraente) ou alguém de quem não gostamos e desejamos evitar (um objeto desagradável). Por outro lado, se apenas olharmos para essa almofada, nada disso acontece — é um objeto muito mais neutro. Também sobrepomos coisas na almofada, como, por exemplo, o fato de ela ser azul e redonda e de estar lá fora, mas, geralmente, não há tanta intensidade em torno disso (a menos que seja nossa própria almofada preciosa sendo usada por outra pessoa). Há muito mais coisas acontecendo em relação ao que percebemos como pessoas. Além disso, as nossas reações e interações com essas pessoas são baseadas nas nossas percepções sensoriais anteriores, mas num grau ainda maior, imputando o que a pessoa pode estar pensando, sentindo, reagindo, e assim por diante.

Essa é a visão que os seres comuns têm sobre os cinco skandhas, que não se aplica apenas aos skandhas dos outros, mas também aos nossos, com a exceção de que podemos ver a nossa própria mente até certo ponto. Podemos observar os nossos próprios skandhas mentais, não apenas o nosso corpo, e é principalmente devido à observação dos próprios skandhas mentais que pensamos que sabemos o que está acontecendo na mente de outras pessoas, pois, quando temos uma certa emoção ou um certo pensamento, muitas vezes temos uma reação física e/ou verbal ou uma expressão correspondente que é acionada pelo que está acontecendo na nossa mente. Se identificamos a expressão física ou verbal de outra pessoa que seja semelhante às nossas quando nos sentimos de uma certa maneira, imediatamente pressupomos que essa pessoa deve ter o mesmo sentimento ou o mesmo pensamento. Às vezes, estamos certos e, às vezes, não, e isso é o que chamamos de "comunicação". Às vezes, funciona, mas, mesmo que funcione, só funciona por causa dessa suposição inerente a ambos os lados, porque ambos os lados cometem o mesmo erro sistemático de projetar sobre o outro.

Por isso, pode ser muito difícil se comunicar com pessoas que não jogam esse jogo, como os seres realizados. Sua forma de comunicação é muito diferente ou simplesmente não acontece da maneira com a qual estamos acostumados. Desse ponto de vista, o que chamamos de "comunicação" nada mais é do que um acordo comum sobre o mesmo engano, que é a projeção mútua e a atribuição de certos significados a certos sons que chamamos de "linguagem". Assim, tanto a comunicação verbal como a não verbal funcionam dentro dos parâmetros da nossa mente conceitual, atribuindo significados às formas visuais, aos sons, aos cheiros, aos sabores e aos objetos tangíveis que os nossos sentidos percebem. Em seguida, criamos ainda mais imputações conceituais sobre os conceitos derivados das percepções sensoriais originais. É claro que o que estamos fazendo aqui agora não é exceção a isso.

Como os śrāvakas e pratyekabuddhas veem os cinco skandhas? Eles não veem realmente os cinco skandhas como seres sencientes ou pessoas reais porque eles entendem que não existe uma essência pessoal. Da nossa perspectiva ordinária, eles têm uma visão um pouco mais deprimente dos skandhas, porque os veem como as duas primeiras nobres verdades — a verdade do sofrimento e da origem do sofrimento. Para eles, isso é tudo o que os seres sencientes são — os cinco skandhas sem uma essência pessoal, que consistem nos três tipos de sofrimento e as causas para mais sofrimento (aflições e ações cármicas).

Os bodhisattvas veem os cinco skandhas como vazios de qualquer existência inerente, apenas como ilusões, filmes ou sonhos. No entanto, ao mesmo tempo, os bodhisattvas estão muito conscientes de que, da perspectiva daqueles seres sencientes que se fixam aos seus skandhas como sendo realmente existentes e como tendo uma essência pessoal, o seu sofrimento é completamente real e as causas para esse sofrimento também são completamente reais, que é a razão pela qual eles sofrem. Portanto, a perspectiva dos bodhisattvas é dupla. Em termos da sua própria realização ou sabedoria, eles veem que os seres sencientes são ilusórios, mas esse é apenas um lado da moeda. O outro lado da moeda é a compaixão. Os seres sencientes sofrem precisamente porque não percebem que os seus skandhas não são reais, e então eles continuam se apegando a fenômenos ilusórios e fugazes. Os bodhisattvas veem claramente que essa é a causa do sofrimento dos seres sencientes e, assim, espontaneamente, sentem compaixão por eles, desejando livrá-los de suas visões e comportamentos errôneos e autodestrutivos.

Como o Dalai Lama disse muitas vezes, a "lógica altruísta" de um bodhisattva não é pessoal, mas é muito mais poderosa em termos de realmente eliminar o sofrimento. Quando os bodhisattvas veem o sofrimento, eles não perguntam: "De quem é esse sofrimento?". Eles não fazem distinção entre "meu sofrimento", "seu sofrimento" ou "o sofrimento deles". O sofrimento é apenas sofrimento, e o sofrimento é algo que sempre precisa ser eliminado, não importa de quem seja ou em que forma apareça. Assim, sempre que os bodhisattvas veem o sofrimento, eles não levam para o lado pessoal como nós — que fazemos um grande alarde sobre ele. Seu foco principal é simplesmente como se livrar dele. Por outro lado, a nossa própria visão do sofrimento é extremamente pessoal e, em geral, apenas a pioramos ao fazer alarde até mesmo sobre pequenas coisas que nos incomodam. Além disso, distinguimos entre o nosso próprio sofrimento e o sofrimento de outros seres, sempre tomando o nosso próprio sofrimento como sendo muito pior, não importa qual seja. Os bodhisattvas têm uma perspectiva mais equânime do sofrimento, em que realmente não importa quem está sofrendo — enquanto houver sofrimento, ele deve ser removido. Essa é a lógica dos bodhisattvas, que se baseia em não diferenciar entre nós mesmos e os outros e, também, em ter realizado que não existe uma pessoa ou essência pessoal verdadeira nos skandhas que seja "a sofredora".

Isso conclui a introdução, ou o prólogo, do sūtra.

A PARTE PRINCIPAL DO SŪTRA

A inocente pergunta de Śāriputra

A parte principal do sūtra consiste na pergunta de Śāriputra e na resposta de Avalokiteśvara. O sūtra diz:

> Então, pelo poder do Buddha, o venerável Śāriputra assim falou para o nobre Avalokiteśvara, o bodhisattva mahāsattva: "Como deveria treinar um filho de nobre família ou uma filha de nobre família que deseje praticar a profunda prajñāpāramitā?".

Śāriputra está basicamente perguntando a Avalokiteśvara: "Me conta, o que você vê pelo poder do samādhi do Buddha e o que preciso fazer para chegar lá?". Em outras palavras, Śāriputra quer saber no que consiste o caminho de um bodhisattva e qual é a sua fruição. Aqui o sūtra afirma explicitamente que tudo o que acontece nele é "por meio do poder do Buddha", que se refere ao samādhi do Buddha chamado de "percepção do profundo". Quanto a "um filho ou uma filha de família nobre", isso não se refere a nenhuma família comum ou a algum tipo de aristocracia mundana, mas indica a "aristocracia" espiritual dos bodhisattvas, que são a nobre família dos buddhas. Os filhos e as filhas de nobre família são bodhisattvas que nascem na família dos buddhas. Quando fazemos o voto de bodhisattva com a fórmula usual, no fim, regozijamo-nos por ter feito o voto com as seguintes palavras:

> Hoje nasci na família do Buddha.
> Agora sou um filho do Buddha.
> De agora em diante, praticarei
> As ações condizentes com a minha família.

Eu não serei uma mácula
Nesta impecável, nobre família.

Aqui "filho do Buddha" refere-se aos filhos ou filhas do Buddha. Em geral, diz-se que o Buddha teve três tipos de filhos. Seu filho físico era Rāhula. Os filhos de sua fala são os arhats entre os śrāvakas e pratyekabuddhas porque eles alcançam suas realizações por meio da fala do Buddha. Os filhos e as filhas de sua mente ou coração são os bodhisattvas, que dão origem à bodhichitta (o estado de mente que é o próprio coração da iluminação) e que aspiram realizar a vacuidade.

Portanto, uma vez que tenhamos feito o voto de bodhisattva, somos um membro da família de todos os buddhas, porque essa é a marca distintiva dos buddhas, e agir de acordo com esse voto é o que os buddhas fazem. Num sentido mais profundo, "família" refere-se à nossa natureza búdica, a disposição fundamental na nossa mente de nos tornarmos um buddha totalmente desperto. Em geral, diz-se que as pessoas no caminho budista têm disposições diferentes, como, por exemplo, a tendência a seguir o caminho śrāvaka, o caminho pratyekabuddha ou o caminho do bodhisattva. No entanto, do ponto de vista Māhayāna, essas disposições diferentes são apenas diferenças temporárias. Fundamentalmente, todos os seres têm a mesma disposição ou potencial para se tornarem buddhas, que é chamada de "natureza búdica". Em outras palavras, essa é a natureza básica da mente de todos os seres sencientes. Quando nos tornamos bodhisattvas, essa natureza da mente é a "família" na qual "nascemos", o que significa que nos engajamos ativa e totalmente na nossa natureza búdica da forma como todos os buddhas fazem. Reivindicamos de todo o coração nossa herança natural, por assim dizer.

Uma vez que tenhamos ingressado nessa família pelo voto de bodhisattva, naturalmente queremos aprender o "negócio da família" de se engajar na visão, meditação, conduta e fruição do caminho do bodhisattva. Portanto, Śāriputra pergunta como aqueles "que desejam praticar a profunda prajñāpāramitā devem treinar". "Praticar a profunda prajñāpāramitā" significa que, a qualquer momento, tentamos conectar tudo o que fazemos com a visão profunda da vacuidade. No nível dos iniciantes, isso basicamente significa relaxar mais no que quer que façamos, ter uma sensação de mais espaço e não nos sentirmos tão claustrofóbicos, ou seja, não tornar tudo estreito, super-real e terrivelmente sério. Também significa ter algum senso de humor sobre nós mesmos, sobre os outros e sobre a situação toda de estar nesse caminho. Se pudermos rir de nós mesmos e da nossa própria situação, isso já é uma boa dose de vacuidade, porque isso quebra a solidez, a seriedade e a estreiteza claustrofóbica do nosso comportamento usual. Qualquer coisa que contribua para uma abordagem mais leve na nossa vida é um elemento muito prático de vacuidade. Não precisa ser sempre esse grande e elevado conceito de "vacuidade". Às vezes, uma experiência de vacuidade pode ser muito simples. Claro, em si mesma, a vacuidade é sempre muito simples, mas, quando vemos que é simples, quando nos libertamos do nosso confinamento solitário usual da mente egoica, quando um pouco de luz e ar fresco entram em nosso casulo mofado, sombrio e complexo de estarmos amarrados em nossos próprios grilhões, isso é vacuidade, e essa sensação é muito boa.

Normalmente, a vacuidade não ganha uma boa propaganda como essa. A maioria das pessoas quando ouve "vacuidade" pensa em algo como uma garrafa vazia, uma casa vazia, uma carteira vazia ou simplesmente em nada. Mas isso não é de forma alguma o que o Buddha quis dizer com vacuidade. Como um conceito filosófico ou termo técnico, ela se refere à ausência de qualquer natureza intrínseca em todos os fenômenos ou à ausência de qualquer existência real que possa ser encontrada. No entanto, em termos da experiência da vacuidade, ela significa liberdade, abertura, espacialidade, muito ar fresco, muito espaço, muita leveza, e ninguém pode realmente reclamar disso.

A resposta curta não tão inocente de Avalokiteśvara

A resposta curta de Avalokiteśvara à pergunta de Śāriputra sobre como os bodhisattvas devem praticar a prajñāpāramitā é um breve relato sobre o que ele mesmo viu em seu samādhi que os aspirantes a bodhisattvas também precisam ver, referindo-se tanto à visão quanto à meditação do Mahāyāna. Por isso, ele diz a Śāriputra que:

> um filho de nobre família ou uma filha de nobre família que deseje praticar a profunda prajñāpāramitā deveria ver dessa forma: eles veem os cinco skandhas como vazios de natureza.

Assim, Avalokiteśvara responde à pergunta de Śāriputra "O que você faz quando pratica a prajñāpāramitā?", basicamente dizendo "Você não faz realmente coisa alguma". Já comentamos sobre a raiz de *śūnyatā* ser "inflar", então os cinco skandhas são como cinco balões inflados pela mente egoica. O que Avalokiteśvara viu e todos os bodhisattvas precisam ver é que os cinco skandhas são vazios de natureza, o que significa ver o vazio desses balões e estourá-los. Mais precisamente, se virmos a natureza ilusória de uma ilusão, isso não significa que ela desaparecerá, mas estaremos cientes de que ela não é real. Por exemplo, se formos a um show com um ilusionista como David Copperfield, assim que descobrirmos o truque, o que quer que apareça não será mais tão poderoso e não exercerá mais tanto controle sobre nós. Da mesma forma, se descobrirmos que os cinco skandhas são uma ilusão, não seremos mais hipnotizados por eles. Ou quando acordamos de um pesadelo, perceberemos que todas aquelas coisas assustadoras não aconteceram realmente e podemos relaxar. Isso mostra o que é o lado subjetivo de realizar a vacuidade. Não se trata apenas de ver as coisas como ilusórias, mas e depois? O que é importante e liberador sobre a vacuidade é a diferença em como reagimos às coisas que vemos como sólidas e realmente existentes em comparação às coisas que sabemos que não são realmente reais. Essa reação é o que determina até que ponto levamos as coisas a sério e se sofremos por elas ou não. Quanto mais a sério levamos as coisas, mais sofremos. Quanto mais vemos as coisas de modo sólido, mais estreito o nosso mundo se torna, e toda a nossa situação de vida se torna estagnada e impraticável. Assim, o valor prático da vacuidade não está realmente do lado do objeto (o fato de que nada tem existência real), mas está do lado do sujeito. Isso se refere à experiência de soltar a fixação a coisas reais e, assim, não estar mais sob sua influência, relaxando na verdadeira natureza de abertura infinita, liberdade e estado desperto dessa experiência.

Quando falamos sobre vacuidade, a grande questão é o que é essa "vacuidade". Provavelmente, é mais fácil dizer o que ela não é, e, em geral, é exatamente isso o que os textos fazem. Eles nunca dizem que a vacuidade é isso ou aquilo. Isso seria como dar um tiro no próprio pé, porque vacuidade significa que não podemos apontar nada, incluindo a vacuidade. Portanto, se nós a descrevemos como "algo", estamos de volta à estaca zero. Então, vamos olhar o que a vacuidade *não é*.

Em primeiro lugar, a vacuidade não é algum tipo de bomba atômica espiritual que destrói tudo o que conhecemos (embora às vezes possa parecer ser assim por quebrar o disco rígido da nossa mente egoica com todos os seus sistemas de crenças armazenados). Em segundo lugar, a vacuidade não significa que os fenômenos não são vazios enquanto não analisados e que então se tornam vazios quando analisados.

A vacuidade não é algum tipo de qualidade introduzida por meio da análise. Por exemplo, isso não significa dizer que, se não analisamos essa mesa, ela é absolutamente real, e uma vez que a analisemos, seja por meio da física quântica ou do raciocínio Madhyamaka, ela se torne vazia. Em outras palavras, a vacuidade não é algo que primeiro não existe e depois passa a existir. Em terceiro lugar, não meditamos sobre fenômenos que, na verdade, não são vazios como sendo vazios, criando assim alguma vacuidade fabricada conceitualmente, o que seria um tipo mais ou menos sofisticado de lavagem cerebral. É óbvio que isso não funcionaria realmente de forma alguma. Se as coisas de fato existissem, apenas imputaríamos algum conceito de vacuidade a elas que não mudaria coisa alguma. Por exemplo, não importa quanto e por quanto tempo possamos aplicar a noção de "brancura" ao carvão, isso não muda em nada sua cor preta. Em quarto lugar, não é que os fenômenos não sejam vazios enquanto a sabedoria dos seres nobres não tiver surgido e que depois eles se tornam vazios. Em outras palavras, não é que, uma vez que tenhamos alcançado o caminho da visão, tudo se torna vazio, sendo que antes disso não era.

Em quinto lugar, a vacuidade não significa que algo existia antes e que se torna inexistente depois, como a chama de uma vela se apagando. Não significa que as coisas primeiro estão lá e que depois desaparecem quando compreendemos que elas são vazias. Em outras palavras, a vacuidade não significa extinção. Em sexto lugar, a vacuidade não se refere à inexistência completa, tal como os chifres de um coelho ou os pêlos de uma tartaruga. Em sétimo lugar, a vacuidade em si não é algo sagrado, precioso, algum tipo de lei universal, ou algum tipo de princípio divino a ser venerado. No entanto, a realização da vacuidade é algo muito precioso e que vale a pena, porque elimina a confusão e o sofrimento. Em oitavo lugar, a vacuidade não é algo que exista em alguma outra dimensão separada dos fenômenos. Não é uma outra coisa ou um conceito que flutue acima de tudo. Ou seja, se falarmos sobre as duas realidades, isso não significa que a realidade aparente é algo aqui e que a realidade última é outra coisa acolá, porque assim nunca poderíamos falar sobre a inseparabilidade das duas realidades. Além disso, se falarmos, por exemplo, sobre a vacuidade de um copo, se destruirmos o copo, onde está a vacuidade do copo? Não está mais lá, o que significa que a vacuidade é sempre a vacuidade *de alguma coisa*. A única exceção a isso é a vacuidade da vacuidade, mas isso é um caso completamente diferente. Da mesma forma, quando falamos sobre a união de aparência e vacuidade, isso significa que, sem aparência, também não há vacuidade. Em outras palavras, a vacuidade é simplesmente a verdadeira natureza do que aparece e, portanto, não pode ser algo separado ou externo ao que aparece. Por fim, a vacuidade não se refere a uma coisa ser vazia de outra, como um vaso estar vazio de água, o nosso bolso vazio de dinheiro, ou um cavalo ser vazio de ser uma vaca. Na verdade, o Buddha disse que esse é o pior tipo de engano a respeito da vacuidade.

Qual é o problema com todos esses tipos equivocados de vacuidade? Eles ou são algum tipo de vacuidade limitada, vacuidade mentalmente inventada ou vacuidade no sentido de extinção. Nenhum deles se refere à vacuidade como a absoluta ausência de base da nossa existência, que é a única chance para a liberação. Em termos mais técnicos, a verdadeira vacuidade significa que tudo é vazio de uma natureza própria. Em outras palavras, vacuidade não significa que um copo esteja vazio de alguma outra coisa, como de água ou de ser uma mesa, mas que o copo é vazio de ser um copo. Se procurarmos a "qualidade de copo" do copo, por assim dizer, não poderemos encontrá-la. Nem mesmo precisamos do budismo para isso, os físicos quânticos nos dizem a mesma coisa — não há copo a ser encontrado em lugar nenhum. O que vemos como um copo é apenas algo que a nossa consciência visual inventa, poderíamos dizer que é algum tipo de energia condensada que a nossa consciência visual percebe como uma certa cor e forma. Além disso, nossa percepção de um copo é muito condicional, porque outros seres sencientes percebem esse "copo" de uma maneira completamente diferente. Por exemplo, os olhos de moscas ou de peixes mostram uma imagem muito diferente do que percebemos, e alguns animais não conseguem nem mesmo perceber certas cores.

Portanto, mesmo em um nível relativo, é altamente questionável se há realmente um copo lá fora, algo sólido e real que podemos realmente identificar. Quanto mais olhamos para ele, mais se torna claro que realmente não há nada lá fora. Uma vez que não podemos sair da nossa mente, não podemos nem mesmo verificar se há algo lá fora ou não. Teríamos que deixar para trás a nossa própria maneira de perceber o mundo e compará-lo com algum outro mundo hipotético de percepção, o que levanta a pergunta: "Quem perceberia esse mundo?". Só temos uma única mente e não podemos compará-la com a mente de outra pessoa. Mesmo se pudéssemos, isso ainda seria subjetivo da nossa parte, porque só podemos fazer tal comparação da perspectiva da nossa própria mente. Então, precisaríamos de algum tipo de árbitro com uma percepção "objetiva" de como o mundo lá fora realmente é, mas, obviamente, tal coisa não existe. Até mesmo se houvesse, não haveria como qualquer um de nós avaliar essa "percepção objetiva", porque estamos confinados às nossas próprias percepções subjetivas. Teríamos que assumir a mente dessa outra pessoa, o que, é claro, não é possível.

Portanto, se analisarmos todas as coisas que parecem ser tão reais, descobrimos que elas não são apenas menos reais do que parecem — elas são completamente irreais. Além disso, não é apenas uma questão de pessoas diferentes vendo a mesma coisa de maneiras diferentes, como, por exemplo, pessoas diferentes vendo de formas diferentes um copo ou uma pessoa externa realmente existente. Na verdade, cada um tem o seu próprio filme rodando em sua mente, que é a sua pequena realidade pessoal. Não há uma coisa única que seja apenas vista de maneiras diferentes — não há coisa alguma. Do ponto de vista budista Mahāyāna, tudo o que aparece, aparece apenas na nossa mente, e a razão pela qual os humanos, por exemplo, em geral, parecem perceber as mesmas coisas é que eles têm uma certa quantidade de tendências habituais semelhantes para percepções semelhantes. Mas, se olharmos para os detalhes, ninguém nunca tem exatamente a mesma percepção que qualquer outro ser. Mesmo se pensarmos que vemos a mesma mesa à nossa frente, na verdade, todos vemos algo diferente. Alguns veem a frente da mesa, alguns a parte de trás, alguns a da esquerda, alguns a da direita, alguns a parte superior e alguns seu lado inferior. Na verdade, ninguém nunca consegue ver a mesa inteira de uma vez. O que todos fazemos, no entanto, é complementar conceitualmente nossas percepções visuais diferentes e parciais com as partes da mesa que não vemos e, então, chamar esse conjunto de percepções e conceitos de "mesa", o que nos faz pensar que todos realmente percebemos a mesma coisa. Se apenas tomássemos os dados que nossas percepções sensoriais imediatas fornecem, lidaríamos a todo o momento apenas com um recorte do que consideramos ser uma mesa e assim por diante, o que tornaria a comunicação muito difícil.

Além disso, com base nas nossas experiências anteriores, estamos constantemente antecipando muitas coisas em relação ao que vemos. O simples fato de ver um delicioso pedaço de pizza nos faz antecipar o seu sabor e seu cheiro, e imediatamente começamos a salivar. Mesmo se não tocamos ou levantamos uma mesa, ainda esperamos que ela tenha uma certa textura e um certo peso. Quando vemos um copo, sabemos que ele é frágil e, se alguém jogar um copo em nós, nossa reação será pegá-lo ou desviar dele. Todas essas muitas sobreposições à nossa simples percepção visual de uma determinada cor e forma imediatamente tornam-se parte do que chamamos de "copo" ou "mesa", e essa parte é enorme em comparação com o que realmente vemos. A nossa percepção visual não nos diz nada disso, mas a nossa mente conceitual adiciona todos esses detalhes ao projetar experiências anteriores sobre novos objetos. Se perguntarmos aos nossos olhos o que eles veem, a resposta é muito simples — alguma cor e forma. Mas, se perguntarmos à nossa mente conceitual o que vimos, como um copo, a resposta não é de forma alguma simples, e, em vez disso, obtemos todo esse blá-blá-blá. Em contraste, crianças pequenas lidam com objetos sem qualquer antecipação, ou com muito pouca, razão pela qual elas costumam quebrá-los, derrubá-los no chão ou fazer todos os tipos de coisas estranhas com eles (na nossa perspectiva). Se jogarmos uma bola em uma criança pequena, não haverá nenhuma reação até que a bola realmente atinja a criança (não estou sugerindo fazer isso...). A criança apenas vê alguma cor e forma se movendo, mas não tem conceitos sobre essa cor e essa forma, como, por exemplo, que se trata de uma bola e que vai doer quando fizer contato.

Esse processo de sobreposição conceitual contínua também torna incrivelmente fácil projetar qualquer coisa sobre o que percebemos como "outros". Normalmente, não projetamos tanto sobre coisas como um copo (exceto quando possuímos um muito caro e depois ele quebra), mas podemos ver o quanto projetamos sobre as pessoas. Pessoas diferentes projetam todo tipo de coisas, mas nenhuma dessas projeções tem muito ou qualquer coisa a ver com aquela pessoa. Se realmente houvesse alguma pessoa lá fora, pelo menos a percepção de alguém deveria estar certa, mas a nossa própria percepção daquela pessoa continua mudando, e a pessoa também continua mudando. Assim, não há muito ao que se agarrar aqui, que é a mensagem básica da vacuidade — as coisas são vazias de uma natureza própria e não podem ser encontradas, mas, ao mesmo tempo, ainda aparecem. É por isso que o Sūtra do Coração depois afirma "Forma é vacuidade, vacuidade também é forma". Ele não afima apenas que a vacuidade é vacuidade, mas que a vacuidade e a forma não são separadas — a forma não é em nada diferente da vacuidade, e a vacuidade não é diferente da forma. As duas estão sempre em união.

Estritamente falando, isso é ainda mais capcioso, porque, não há "duas". Em última análise, as aparências relativas não estão realmente presentes em primeiro lugar, uma vez que são apenas como ilusões. Assim, a união de aparência e vacuidade é como a aparência de uma miragem, por exemplo, algo que se assemelha com a água aparecendo em uma estrada num dia de sol quente. Não há água na estrada, mas ela parece surgir em virtude de um número de condições, tais como ar quente logo acima da estrada, luz solar, e nós olhando de um certo ângulo, o que leva o céu claro a ser refletido naquele ar quente na estrada à nossa frente.

Além disso, os seres comuns só podem perceber e se fixar a aparências dualistas enquanto não compreendem a sua vacuidade. Os seres nobres em seu equilíbrio meditativo veem apenas a vacuidade, na qual não há aparências dualistas de modo algum. Enquanto seres comuns, não podemos alternar entre aparência e vacuidade. Infelizmente, não podemos tomar uma perspectiva comparativa, dizendo: "Agora eu vejo a realidade relativa e agora eu vejo a realidade última". Por outro lado, uma vez que percebemos a realidade última, não vemos mais a realidade relativa dualista, pelo menos não na nossa própria percepção.

Então, por que é tão importante entender o que a vacuidade é e o que ela não é? A única razão pela qual o Buddha ensinou a vacuidade foi para libertar os seres sencientes do sofrimento e capacitá-los a alcançar o estado onisciente de um Buddha. O Buddha não introduziu a vacuidade como algum tipo de teoria inteligente, jogo linguístico, filosofia sofisticada ou conceito metafísico, ou algum tipo de metalinguagem. Sua única preocupação era ensiná-la como algo que ajudasse os seres a se tornarem livres e a experienciarem felicidade duradoura. Portanto, a vacuidade é uma ferramenta pedagógica, mas, em si mesma, não tem valor intrínseco ou existência. É um meio para apontar às pessoas como as coisas realmente são, pois elas sofrem em decorrência da confusão de não verem como as coisas realmente são. Quando a vacuidade é compreendida corretamente, conforme ensinada pelo Buddha, ela serve como a única fundação adequada do caminho para a liberação e a onisciência e como o remédio para todos os obscurecimentos aflitivos e cognitivos, enquanto os tipos equivocados de vacuidade abordados não cumprem essas funções liberadoras. Essa é a razão pela qual é importante entender exatamente o que o Buddha quis dizer com vacuidade, e não apenas escolher mais uma teoria ou ideia brilhante que podemos acrescentar à nossa já transbordante lata de lixo mental.

Especialmente em meio a todos os aspectos técnicos, raciocínios e conceitos que encontramos em apresentações sobre a vacuidade, precisamos lembrar deste ponto essencial: a vacuidade é uma ferramenta para liberar a nossa mente. Esse é o seu propósito fundamental. Quando se fala em vacuidade, é fácil se esquecer disso e se perguntar: "O que estamos fazendo aqui?". Nesse caso, é bom voltar ao propósito básico do caminho budista, que é a liberação do saṃsāra e do seu sofrimento. Em outras palavras, a vacuidade tem um propósito muito prático. Não se trata apenas de algo para ser entendido e depois seguir adiante, onde quer que estejamos no saṃsāra. Como mostram as experiências daqueles arhats que tiveram um ataque cardíaco, a vacuidade tem realmente por propósito abalar o saṃsāra não apenas no sentido intelectual, mas num sentido experiencial muito tangível, o que significa conectar-se com a ausência de base fundamental da nossa experiência.

É claro que a ausência de base parece assustadora, mas ela é apenas um lado da moeda da liberação. A vacuidade não tem base em termos de saṃsāra ou da nossa existência comum baseada no ego, mas, na base ou no fundo dessa ausência de base samsárica, existe uma base mais fundamental, que é chamada de natureza búdica. A menos que ousemos olhar para a falta de base da nossa existência ilusória, é muito difícil penetrar na base real e confiável da nossa existência. O curioso é que uma grande parte dessa base confiável é a ausência de base. Enquanto não enfrentarmos essa ausência de base e a integrarmos à nossa mente, não haverá absolutamente qualquer base sólida. A única base confiável é viver com e dentro da ausência de base, não em um estado de pânico ou medo constante, mas aceitando por completo que é assim que as coisas são. Então, podemos simplesmente nos juntar à dança de aparências fugazes e não sentir a necessidade de resistir a essa dança tentando congelar suas aparências em constante mudança. Isso não é de modo algum assustador. É um tremendo alívio e prazer nos livrar do nosso fardo de longa data de tentar desesperadamente manter as coisas sob controle. Só parece assustador porque sempre tentamos nos agarrar a algo e temos medo de nos desapegar. Mas assim que não estivermos nos segurando em nada, essa é a liberdade final, porque podemos ir a qualquer lugar e podemos fazer qualquer coisa sem ficarmos presos ou bloqueados.

Por exemplo, ao sentarmos em um avião antes de tentarmos nosso primeiro salto de paraquedas, não queremos realmente pular e nos agarramos à nossa base familiar que, nesse ponto, é o avião. Mas uma vez que nos soltamos e de fato saltamos, é liberdade total. Podemos voar onde quisermos e da maneira que quisermos pelo espaço. Enquanto estamos voando, não temos nenhum pensamento de que precisamos nos agarrar a algo, que temos que puxar o freio, ou que precisamos voltar para o avião. Há apenas a experiência de liberdade, espacialidade e alegria ilimitadas. Depende realmente da nossa própria perspectiva mental. Dois segundos antes de pularmos estávamos com medo e tentamos nos agarrar a qualquer coisa em que pudéssemos colocar as mãos, mas uma vez que estamos no ar, nossas hesitações desaparecem e o poder da experiência de voar assume o controle. Da mesma forma, a ausência de base soa como algo assustador ou como liberdade na dependência da nossa mente e do desejo de ainda querermos nos agarrar a algo ou não.

É como Janice Joplin cantou: "Liberdade é apenas mais uma palavra para nada mais a perder". Esse é exatamente o ponto dos ensinamentos sobre a vacuidade. Enquanto sentirmos que há algo a perder, não importa o que seja, ainda estaremos presos e fisgados. Não ter mais nada a perder pode parecer deprimente, mas uma vez que estamos realmente lá, é totalmente liberador. Não há nada que possa nos confinar de modo algum, e tudo o que experimentamos nessa espacialidade é como um presente que só pode ser recebido quando estamos totalmente abertos. Não temos que correr atrás de coisas para conseguir algo, nem temos que evitar qualquer coisa, porque o que quer que apareça está bem. No filme *Kung Fu Panda*, o mestre, que é uma tartaruga idosa, fala sobre o passado, futuro e presente, dizendo:

> O passado é história, o futuro é um mistério, mas o hoje é uma dádiva — é por isso que eles o chamam de "o presente".

Se estamos no momento presente, tudo o que acontece é uma dádiva. Podemos ver que não precisamos nem mesmo estudar o Sūtra do Coração, já está tudo aí.

O lugar onde a vacuidade toca a sua própria base — ou melhor, a sua própria ausência de base — é chamado de "vacuidade da vacuidade". Quando lidamos com a vacuidade, ainda há o perigo ou a tendência de solidificar a vacuidade em si. Ainda que se destine a ser o antídoto final para a fixação ou para a solidificação, a nossa mente ainda tenta solidificar até mesmo a ausência de solidez, uma vez que esse é um hábito muito antigo nosso. É por isso que o Buddha ensinou a vacuidade da vacuidade, que significa que nós também temos de soltar qualquer compreensão de vacuidade que possamos ter, uma vez que isso não é o que é real. Temos que soltar qualquer sentido de visão, realização ou sabedoria, qualquer sentido de "eu entendi", porque isso ainda envolve dualidade, solidificação e pontos de referência. Uma vez que a vacuidade significa que não há nada para solidificar e ao que se agarrar, o propósito dela se perde se a transformarmos numa espécie de princípio, lei universal ou verdade superior, porque, nesse caso, ainda estaremos nos agarrando a algo.

Pode ser um pouco melhor, mas também poderia ser muito pior se nos agarrássemos à vacuidade porque, em geral, isso significa que perdemos a parte da compaixão. Podemos simplesmente pensar: "Ah, sim, tudo é vazio, nada realmente importa". Porém, essa não é de forma alguma uma compreensão da vacuidade, significa apenas estar preso à inexistência e ao niilismo. Os ensinamentos sobre vacuidade sempre dizem claramente que vacuidade não é inexistência ou mera nulidade. Inexistência é apenas outra dor de cabeça, é apenas outra coisa que inventamos. Inexistência ainda depende da existência, e nem podemos conceber a inexistência se não pensarmos sobre a existência primeiro. Em outras palavras, para qualquer negação, deve haver algo que possamos negar em primeiro lugar. Para começar, não podemos negar nada absolutamente, temos de ter alguma coisa e então podemos negá-la e dizer: "Acabei sem nada". Mas esse "nada" apenas funciona na dependência de "alguma coisa" que estava lá antes. A vacuidade aponta que tanto existência como inexistência são apenas sobreposições que, além do mais, dependem uma da outra e que temos de ir além de existência e inexistência. Porém, ir além de existência e inexistência não significa que os fenômenos são tanto existentes como inexistentes, nem significa que não são nem existentes nem inexistentes. Nem uma dessas opções teóricas nos tira da caixa da mente dualista. Existência é um extremo e inexistência é outro, então, se nós os juntamos, como isso melhora as coisas? É ainda pior misturar duas possibilidades mutuamente excludentes e pensar que isso é mais sofisticado (ainda que seja extremamente comum fazer isso). Se dissermos "nem existência nem inexistência", pode parecer inteligente, mas "nem" ainda está baseado nas duas opções enganosas anteriores de existência e inexistência.

É claro que poderíamos seguir assim, mas toda vez nos damos mal, porque ainda estamos nos apoiando no que inventamos antes, apenas tentando escapar da última opção que não funcionou. É por isso que a vacuidade significa sair completamente desse ciclo de mente dualista e de todas as suas ramificações, abandonando qualquer coisa que tenhamos concebido antes. Naturalmente, isso é muito difícil, porque criar conceitos sobre tudo é o que fazemos o tempo todo. A essência da mente dualista é delimitar categorias em preto e branco e depois rearranjá-las e combiná-las de muitas maneiras. A vacuidade simplesmente significa: "Pare com isso, solte isso agora" porém isso é difícil porque não nos dizem o que devemos fazer em vez disso. Uma vez que estamos tão acostumados com sempre *fazer* alguma coisa, é completamente contra a corrente não fazer absolutamente nada. *Não fazer* não pode ser feito, não é outro tipo de fazer, nem mesmo o oposto de fazer. Basicamente, não nos resta nada. Nenhuma experiência prévia ou estratégia ajuda aqui, precisamos soltar tudo o que sabemos e então ver o que acontece.

A vacuidade profunda em quatro aspectos

O restante do que Avalokiteśvara diz no Sūtra do Coração representa sua resposta mais detalhada à pergunta de Śāriputra e, também, um comentário sobre o significado de "ver os cinco skandhas como vazios de natureza". As primeiras quatro frases dessa resposta mais longa são frequentemente consideradas como o coração do Sūtra do Coração.

> Forma é vacuidade, vacuidade também é forma. Vacuidade não é diferente de forma, forma não é diferente de vacuidade.

Essa resposta um pouco mais detalhada também é conhecida como "a vacuidade em quatro aspectos" ou "a profundidade em quatro aspectos" (um pouco mais adiante também está "a profundidade em oito aspectos"). Essa é a declaração-chave do Sūtra do Coração, assim como dos sūtras prajñāpāramitā em geral. Parece que forma e vazio são exatamente o mesmo, mas isso deve ser entendido com cautela. O que essa passagem aborda é a unidade das duas realidades, com "forma" representando a realidade relativa ou aparente e "vacuidade" representando a realidade última. Por que a forma é vazia? Porque é vazia de uma natureza própria. Por que a vacuidade é forma? Porque ela não é nada além de vacuidade que aparece como forma. Se procurarmos por alguma forma que exista de modo independente e separada da vacuidade, não encontraremos e, se procurarmos por qualquer vacuidade separada da forma, também não a encontraremos. Por exemplo, enquanto uma flor estiver presente, a vacuidade dessa flor também estará. Mas se não houver nenhuma flor, também não haverá a vacuidade da flor. Fundamentalmente, a vacuidade de todos os fenômenos é a mesma, mas, falando relativamente, há vacuidades diferentes em relação a diferentes objetos relativos. Os sūtras prajñāpāramitā mais longos listam vinte vacuidades em relação a diferentes bases de vacuidade ou diferentes objetos que são vazios. Assim, podemos falar da vacuidade de uma flor, da vacuidade de um copo e assim por diante.

Claro que isso tudo apenas faz sentido de um ponto de vista relativo — nós nos referimos ao que quer que surja e então falamos sobre a verdadeira natureza do que quer que apareça. Porém, se nada aparece de modo algum, não podemos falar da verdadeira natureza disso. Portanto, temos de ter alguma coisa, não importa o quão inconsistente ela possa ser, algo que tomemos como o nosso objeto ou ponto de referência, e só então podemos falar da verdadeira natureza desse objeto. Não estamos falando da verdadeira natureza de absolutamente nada, mas estamos falando sobre a verdadeira natureza de "alguma coisa", porque "alguma coisa" é o que experienciamos no mundo. Nunca temos a experiência de absolutamente nada nem lidamos com o nada, sempre experienciamos e lidamos com *alguma coisa*.

Assim, a frase "forma é vazio" significa que a forma não tem nenhuma natureza própria. Em outras palavras, a forma é vazia de ser forma. "Vacuidade também é forma" significa que o que aparece como forma é inseparável da vacuidade. Na verdade, a vacuidade é a própria razão pela qual tudo pode aparecer de qualquer forma, porque a vacuidade é o espaço fundamental, não solidez e abertura em que aparência, movimento, funcionalidade e mudança são possíveis. Se as coisas fossem existentes de forma sólida e independente, nada poderia aparecer de um jeito novo ou mudar. Se o mundo realmente tivesse surgido de algum modo, ele seria sempre igual ao primeiro momento em que veio à existência. Se as coisas existissem de forma independente por si mesmas, elas não poderiam funcionar ou interagir de modo algum. Uma vez que as coisas interagem, com, por exemplo, ao fato de funcionarem como causas e seus resultados, elas se tornam dependentes de outras coisas. Esse é o motivo pelo qual Nāgārjuna disse que é precisamente porque os fenômenos não são sólidos e independentes que eles podem mudar, do contrário, tudo seria completamente estático e congelado.

O sūtra continua afirmando "Vacuidade não é diferente de forma, forma não é diferente de vacuidade". Por que forma e vacuidade não são diferentes? A vacuidade não existe separada da forma, nem a forma existe separada da vacuidade. Não podemos encontrar qualquer vacuidade de um copo que seja separada do copo, nem podemos extrair a vacuidade do copo e colocá-la próxima a ele. Quando falamos da vacuidade de um copo, ela está vinculada à aparência do copo, uma não pode aparecer ou existir sem a outra. Por outro lado, forma e vacuidade também não são iguais. A vacuidade do copo não é o copo em si mesmo, caso contrário, veríamos a vacuidade quando vemos o copo. A vacuidade é a natureza da forma, e a forma é aquilo que tem a vacuidade como sua natureza. Não podemos dizer que a natureza de alguma coisa é essa mesma coisa. Caso contrário, não faria nenhum sentido falar de duas coisas — alguma coisa e sua natureza. Portanto, forma e vacuidade são mutuamente excludentes no sentido de não haver qualquer posição comum para elas. Ou seja, não há nada sobre o que possamos falar que seja tanto forma quanto vacuidade. Porém, no sentido de que é impossível que uma exista sem a outra, podemos dizer que forma e vacuidade são da mesma natureza.

Forma e vacuidade são duas coisas?

Essencialmente, porém, há somente a vacuidade ou a realidade última, portanto, a questão de forma e vacuidade serem iguais ou diferentes é discutível, pois, em primeiro lugar, não há duas coisas para comparar. Não podemos perguntar se um único dedo é igual ou diferente. Ainda assim, da perspectiva da realidade convencional ou aparente, podemos falar sobre forma e vacuidade como sendo duas, mas, mesmo assim, elas não podem ser consideradas iguais ou diferentes.

De acordo com o *Samdhinirmocanasūtra*, há quatro falhas que resultariam se as duas realidades — ou aparência e vacuidade

— fossem uma só. (1) Assim como os seres comuns percebem os fenômenos da realidade aparente, eles veriam a realidade última ao mesmo tempo. Por exemplo, veríamos a vacuidade simplesmente ao ver uma flor. A vacuidade seria algo acessível por meio das nossas percepções sensoriais comuns, porque ela seria igual às formas, etc., que os nossos sentidos percebem. Por isso, enquanto seres comuns, seríamos libertados sem esforço e alcançaríamos o nirvāṇa ou estado búdico. Isso também significaria que todo o caminho budista é inútil. (2) As características definidoras da realidade aparente e da realidade última seriam mutuamente inclusivas. Disso resultaria que, por exemplo, a vacuidade de um objeto desejável também seria um objeto de desejo e, portanto, uma causa de sofrimento, em vez de seu antídoto. (3) A vacuidade, ou realidade última, não tem diversidade, enquanto há muita diversidade no mundo fenomênico da realidade aparente. Mas, se o mundo fenomênico da forma fosse igual à vacuidade, também haveria diversidade na vacuidade ou não haveria nenhuma diversidade nos fenômenos. (4) Os praticantes iogues não teriam de buscar por uma realidade última além dos fenômenos condicionados tais como aparecem aos sentidos, ou como são concebidos pela mente pensante.

Se as duas realidades fossem diferentes, isso também implicaria em quatro falhas. (1) Aqueles que veem a realidade última não seriam liberados do saṃsāra ou atingiriam o nirvāṇa ou estado búdico, pois a experiência da realidade aparente não seria afetada de modo algum pela visão da realidade última, por ambas serem completamente independentes. Por exemplo, ver uma flor não elimina a visão de uma mesa. Ou seria como tomar antibióticos para curar pressão alta. (2) A realidade última não seria a verdadeira natureza dos fenômenos condicionados da realidade aparente, uma vez que são duas coisas completamente separadas, assim como um vaso não é a verdadeira natureza de um pedaço de pano. (3) A mera vacuidade ou a pura ausência de natureza dos fenômenos condicionados não seria o seu caráter último, uma vez que a realidade última e a realidade aparente seriam completamente desconectadas. Por exemplo, a ausência de natureza ou a vacuidade de um copo, isto é, o fato de que ele não existe realmente por si mesmo, não seria a verdadeira natureza do copo, porque as duas realidades são diferentes. Quando falamos sobre a ausência de natureza de um copo, essa ausência ainda está relacionada com o copo, do contrário, não poderíamos chamá-la de natureza do copo. Se fosse algo completamente diferente, não poderíamos dizer que se trata da sua natureza, assim como não podemos dizer que uma flor é a natureza do copo. (4) Fenômenos aflitos e fenômenos purificados — ou seja, estados mentais de ignorância básica com suas aparências delusivas e a sabedoria não conceitual que realiza a vacuidade — poderiam existir simultaneamente no fluxo mental de seres nobres, como os buddhas, uma vez que a realização da vacuidade não teria eliminado a ignorância, da mesma forma que uma mesa não elimina uma cadeira, enquanto o veneno pode ser eliminado por seu antídoto.

Além disso, a declaração de que forma é vacuidade e vacuidade é forma também serve para evitar os extremos de sobreposição e negação — sobrepor existência real à realidade aparente e negar as aparências completamente. Algumas pessoas podem pensar que o que aparece aos nossos sentidos e à nossa mente conceitual é tudo o que há; elas acham que a única realidade é aquela que aparece diante de seus olhos. Elas sobrepõem existência demasiada às aparências ilusórias fugazes da realidade aparente, apostando todas as suas fichas nas meras aparências. Por outro lado, algumas pessoas podem dizer: "Não há nada de forma alguma, porque tudo é vazio." Isso significa negar até mesmo as meras aparências ilusórias e erroneamente igualar a vacuidade com o completo nada.

"Forma é vacuidade, vacuidade também é forma" também se contrapõe à fixação unilateral tanto às formas aparentes quanto à vacuidade apenas, ou à sustentação de algum tipo de eternalismo ou niilismo, respectivamente. Portanto, ela mostra o caminho do meio entre esses extremos. Em termos da visão, o famoso caminho do meio significa não cair na fixação apenas às aparências ou apenas à vacuidade, mas ver que aparência e vacuidade são inseparáveis. Dessa forma, não ficaremos presos em nenhuma delas. Não tornamos as coisas mais sólidas do que são e não negamos que existem aparências ilusórias fugazes e em constante mudança. Isso é chamado de "a união das duas realidades". De novo, isso não é apenas um exercício lógico ou filosófico, mas se refere à experiência de como as nossas mentes reagem às coisas que tomamos como sendo mais reais do que realmente são. Por exemplo, se tomarmos um filme como real, seremos completamente carregados pela história. Podemos até mesmo derramar lágrimas ou gritar: "Mata!". Isso vem de uma sobreposição excessiva às meras aparências, pois tudo o que há são pontos luminosos se movendo numa tela. A verdadeira história do filme não está realmente acontecendo em nenhum outro lugar além da nossa mente. Isso significa que assistimos a dois filmes — o filme externo na tela, pelo qual temos de pagar, e o filme interno na nossa mente, que é de graça e geralmente muito mais divertido. Se não houvesse pessoas com mentes para encenar e desfrutar do filme em si, qualquer coisa que acontecesse na tela seria completamente sem sentido.

Isso mostra como as nossas mentes lidam com aparências que levamos muito a sério. Atribuímos mais realidade às aparências do que elas realmente têm, e então nos envolvemos com elas e investimos nelas emocional e financeiramente e de várias outras formas. Em suma, é uma armadilha porque o nosso ponto de partida para a coisa toda já está equivocado, então, não importa o que fizermos depois, não vai levar a nenhum resultado apropriado em termos de como as coisas são de verdade. Por exemplo, se nos apaixonamos por um dos personagens de um filme e tentamos perseguir essa pessoa, isso nunca vai funcionar. Por outro lado, se apenas dissermos: "Não está acontecendo absolutamente nada", estaremos negando que, em termos da realidade relativa, certas coisas de fato acontecem e estamos sujeitos a elas. Obviamente, não podemos apenas fingir que nada está acontecendo quando somos expulsos do nosso apartamento, quando não pagamos nossas contas e impostos, quando atravessamos o sinal vermelho, e assim por diante. É claro, podemos esquecer isso tudo uma vez que tenhamos realizado a vacuidade como Avalokiteśvara, mas, enquanto experienciarmos causas e seus efeitos relativos, não podemos ignorar esse tipo de realidade e precisamos trabalhar com ela de formas apropriadas.

"Forma é vacuidade, vacuidade também é forma" também pode ser entendido como indicando o equilíbrio meditativo sem aparências e os períodos entre as sessões de meditação formal que implicam aparência, respectivamente. Também se refere à eventual união de estar e não estar no equilíbrio meditativo dos buddhas. O que de fato ocorre é que vacuidade e aparência aparecem juntas ao mesmo tempo, mas a questão é se realmente percebemos apenas uma ou outra ou ambas. No nível da mera aparência, que é a nossa experiência ordinária, o que aparece para a nossa consciência visual não é nada além de forma e cor, e vacuidade não é algo que aparece para a nossa consciência sensorial. Quando os bodhisattvas nos bhūmis entram em equilíbrio meditativo e percebem a vacuidade diretamente, as aparências ordinárias desaparecem nesse equilíbrio. Para os iniciantes e também para tais bodhisattvas, as percepções de aparências e vacuidade são mutuamente excludentes — ou percebemos a aparência ou percebemos a verdadeira natureza da aparência. Porém, quando os bodhisattvas emergem da sua meditação, as aparências surgem novamente, mas não tão sólidas quanto para os seres comuns, porque há um certo grau de transposição da sua experiência e realização na meditação para suas experiências quando eles não estão meditando e se engajam em outras atividades.

Para concluir, "forma é vacuidade" refere-se à vacuidade do mundo fenomênico, contrapondo-se ao extremo de acreditar na existência absolutamente real de fenômenos transitórios como a forma. "Vacuidade também é forma" indica que nada além da vacuidade surge como originação dependente, colocando, assim, um fim ao extremo de acreditar que nada existe de forma alguma. "Vacuidade não é diferente de forma" apresenta a união de aparência e vacuidade ou a inseparatividade de vacuidade e originação dependente, rejeitando, assim, tanto o extremo da existência quanto da inexistência (ou eliminando os dois extremos do niilismo e absolutismo existencial de uma vez). "Forma não é diferente de vacuidade" significa que aparência e vacuidade não são incompatíveis, mas, necessariamente, se complementam em perfeita harmonia, negando, assim, os extremos de nem existência nem inexistência. Dessa forma, todas as possibilidades de concebermos de maneira equivocada os fenômenos como existentes, inexistentes, ambos ou nenhum são transcendidos, o que constitui a liberdade total de todos os pensamentos, expressões e pontos de referência.

O caminho do meio sem um meio

Como discutido antes, a realização da vacuidade torna tudo mais leve. Por isso, os bodhisattvas não percebem um copo exatamente da mesma maneira que nós e nem se fixam à sua existência real. É mais como um sonho lúcido. Não é que nada apareça, mas os bodhisattvas são cada vez mais capazes de sustentar a sua realização da vacuidade em meio a qualquer coisa que apareça, não importa o quão intensa possa ser. O que aparece se torna cada vez mais leve e, por fim, não há diferença alguma entre estar em meditação e não estar em meditação porque a realização na meditação se transfere totalmente para quaisquer outras atividades e experiências.

Isso é o que o caminho do meio significa em termos de visão e prática. A rigor, em termos da visão, ele nem sequer significa um meio entre duas coisas. Por exemplo, quando falamos de existência e inexistência, não há um meio real entre elas, como algo que seja metade existente e metade inexistente. Se pensamos que existe algum meio, apenas acabamos de encontrar alguma outra coisa a que nos agarrar. O que o Buddha originalmente ensinou como caminho do meio foi o caminho do meio entre o ascetismo e o hedonismo, o caminho do meio entre o excesso de indulgência nos prazeres dos sentidos e a autotortura. Porém, em termos da visão, não podemos realmente falar de um caminho do meio ou mesmo de um meio, porque isso significaria a identificação de alguma coisa. Sempre que identificamos algo, não é a vacuidade ou a realidade última, porque ainda temos algum ponto de referência e alguma coisa sobre a qual nos apoiar. Isso não é ausência de base ou liberdade de pontos de referência.

Por isso, alguns mestres tibetanos interpretam a palavra tibetana *uma* para 'meio' ou 'Madhyamaka' como significando "nem mesmo um meio". Em outras palavras, o caminho do meio, em termos da visão, significa que não há nem mesmo um meio, e muito menos quaisquer extremos ou polos opostos. Por exemplo, se segurarmos nossos dois dedos indicadores à nossa frente, poderemos identificar o meio do espaço entre as duas pontas dos dedos, mas se tirarmos esses dois dedos, onde estará aquele meio? Por isso, se os pontos de referência que definem um meio desaparecem, também não podemos mais encontrar ou falar sobre um meio. Se insistirmos e continuarmos olhando para o ponto no espaço vazio que antes identificamos como o meio, só estaremos teimosamente nos agarrando a algum ponto de referência condicional que não está mais lá, uma vez que as condições mudaram. É como insistir que Nova York fica a leste quando estamos em algum lugar na Europa só porque ela fica a leste quando estamos em Seattle. De um ponto de vista

Madhyamaka, qualquer coisa que possamos identificar como um meio é apenas outro extremo ou apenas outro ponto de referência; então, "meio" é apenas uma forma abreviada para o fato de que não há pontos de referência de modo algum, sejam eles extremos, um meio ou qualquer outra coisa.

Essa também é a razão pela qual os sūtras prajñāpāramitā e outros textos frequentemente dizem: "Não ver coisa alguma é a visão suprema". Isso não significa, literalmente, não ver nada da mesma forma que pessoas cegas ou pessoas que estão dormindo não veem nada. Como disse o Buddha:

> Os seres geralmente falam em "ver o céu".
> Examine esse ponto de como você vê o céu!
> O Buddha ensinou que a visão dos fenômenos é exatamente assim.

O que estou realmente vendo quando digo: "Eu vejo o céu?". Podemos dizer: "É essa expansão azul". Então, tomamos o céu como algo azul lá acima de nós, mas sabemos que não existe tal coisa azul lá em cima. Estamos olhando para um vazio que aparece para nós na terra como azul devido a certas condições. Assim que olhamos para a Terra do espaço sideral, não há céu azul algum. Dessa forma, o céu é um exemplo de algo que aparece de certa forma, mas o que estamos de fato olhando é algo completamente diferente. Por isso, quando pensamos sobre o que significa "ver o céu", significa ver aparência e vacuidade em união. Quando vemos o céu, o que estamos vendo na verdade é espaço, mas não podemos ver espaço porque espaço é a ausência de qualquer coisa. Se vemos alguma coisa, não a chamamos de espaço, mas de "alguma coisa". Se há alguma coisa, não há espaço algum naquele lugar, o espaço está literalmente ocupado. No caso do céu, o espaço geralmente aparece azul, mas, às vezes, aparece vermelho, laranja, amarelo ou roxo (no entardecer ou amanhecer), branco ou cinza (com nuvens), ou até mesmo verde (com a aurora boreal). Mesmo assim, ainda é o mesmo espaço. Da mesma forma, quando vemos uma mesa, embora a sua aparência seja baseada em tendências habituais de reificação mais fortes, se perguntarmos aos físicos quânticos, eles também dirão que, quando olhamos para uma mesa, estamos basicamente olhando para espaço.

PERGUNTA: Se a mesa à sua frente é vazia, como ela ainda pode servir de apoio para um copo?

KB: Podemos olhar para a mesma coisa do ponto de vista último e relativo, mas fica bem confuso se misturarmos essas duas perspectivas. Não podemos colocar um copo realmente existente numa mesa vazia. Se olharmos para a mesa e o copo do ponto de vista último, ambos são igualmente vazios, e não há nada que sirva de apoio ou que seja apoiado. Mas, se olharmos para eles do ponto de vista relativo, uma mesa ilusória pode muito bem apoiar um copo ilusório de uma forma ilusória, assim como vemos uma mesa em um filme servir de apoio para um copo. Porém, não podemos usar uma lógica que pertença à realidade última para refutar a realidade relativa e vice-versa. Não podemos dizer: "As coisas não são vazias porque eu posso ver e tocar esse copo". Nem podemos dizer: "Não existe absolutamente nenhum copo porque todos os fenômenos são vazios". Isso seria confundir os dois níveis de realidade, o que obviamente não é o que se quer dizer por união das duas realidades. Uma das principais razões pelas quais o Buddha ensinou essas duas realidades foi para ser claro sobre de qual nível de realidade estamos falando sobre os fenômenos, ou seja, se falamos da perspectiva do que os seres comuns percebem como sendo a sua realidade, ou da perspectiva do que aqueles que veem como as coisas realmente são, percebem como realidade última. De fato, a maioria dos equívocos sobre a visão budista surge da incompreensão da distinção entre as realidades aparente e última.

Um exemplo frequentemente usado para a relação entre aparência dualista e vacuidade é o que as pessoas com catarata veem. Essas pessoas podem ver todo o tipo de coisas estranhas que na realidade não existem, tais como pequenos pontos negros ao olhar para uma superfície branca, ou duas luas no céu. Uma vez removidas as cataratas, elas veem a superfície branca sem pontos ou o céu com apenas uma lua. Da mesma forma, do ponto de vista da realidade última, a forma ou os obscurecimentos, em geral, são tão ilusórios quanto aqueles pontos ou as duas luas. Quando falamos da união de aparência e vacuidade, para os seres comuns é como os pontos no espaço. Não é que eles não vejam o espaço em torno dos pontos, mas eles focam totalmente nos pontos. Na nossa percepção comum, se olharmos para algum lugar, nosso foco não está no espaço ao redor das coisas, mas nas coisas dentro daquele espaço onde sempre ficamos presos. Não prestamos realmente atenção ao espaço, mas sempre lidamos com aparências no espaço. Da mesma forma, não é que a vacuidade não apareça para seres comuns, mas não a percebemos porque somos totalmente arrastados pelas aparências em meio à vacuidade.

Enquanto estivermos sob a influência da doença da ignorância e da dualidade, não estaremos cientes de que as aparências não existem realmente e tentaremos lidar com elas como se fossem reais. No caso da catarata, podemos pensar que há pontos pretos na pia branca e tentar removê-los, o que obviamente não funciona. Então, primeiro, algum médico precisa nos dizer que esses pontos são apenas algo causado pela catarata nos nossos olhos e que eles não estão realmente lá. Porém, mesmo entendendo que os pontos não estão de fato lá, eles , ainda assim aparecem. Por isso, o próximo passo é programar uma cirurgia para remover a catarata, depois da qual não veremos mais nenhum ponto. Isso não significa que a operação removerá todos os objetos visuais ou nosso olho inteiro, mas que recuperaremos uma visão clara. Da mesma forma, o processo de efetivamente remover a ignorância com seus muitos sintomas de aparências dualistas começa com estudo e reflexão sobre os ensinamentos do Buddha. Porém, apenas compreender a vacuidade em todas as suas ramificações não faz com que as aparências dualistas desapareçam, pois elas são baseadas em tendências habituais muito fortes. É apenas por meio da meditação ou da familiarização com a vacuidade que a doença da ignorância é removida, depois da qual as aparências dualistas não surgirão novamente. Em outras palavras, nossa compreensão conceitual da vacuidade precisa se aprofundar e se tornar uma parte intrínseca da estrutura da nossa mente. Para nós, como seres comuns, é completamente natural tomar todas as coisas como sólidas e reais em virtude das nossas tendências habituais profundamente arraigadas, mas podemos, do mesmo modo, nos familiarizar com a vacuidade de tal forma que se torne igualmente natural ver a ausência de existência real em tudo.

PERGUNTA: As pessoas parecem ter ideias diferentes sobre o que é o espaço. Você pode esclarecer um pouco mais a noção de espaço e se aquele espaço também é vazio?

KB: No budismo, espaço é definido como a ausência de alguma coisa. Porém, toda a noção de espaço é, basicamente, apenas um conceito, porque não podemos realmente perceber uma ausência com nossos sentidos. Podemos ver um copo, mas, na verdade, não podemos ver a ausência de um copo. Sempre falamos: "Sim, eu vejo o espaço", mas não vemos o espaço real, apenas não vemos uma coisa naquele espaço. De fato, sempre vemos alguma coisa, mas nunca podemos ver "nada". Por exemplo, podemos olhar para duas cadeiras e falar: "Eu vejo o espaço entre essas duas cadeiras", mas o que estamos realmente vendo entre essas duas cadeiras é o chão ou a parede.

Normalmente tratamos o espaço como uma coisa real e até mesmo pensamos que ele desempenha funções, como a de prover espaço. Porém, no budismo, o espaço como a ausência de alguma coisa não é uma coisa nem pode desempenhar quaisquer funções. O espaço não provê espaço ativamente, como alguém que sai de uma sala lotada para que possamos entrar. Tampouco ele de fato abre a porta e diz: "Bem-vindos, fenômenos, entrem e se movimentem, fiquem à vontade". De qualquer maneira, se tomarmos o espaço como um conceito ou como uma mera ausência, ele é tão vazio como qualquer outra coisa, ou seja, não existe com qualquer natureza intrínseca própria. Nem o conceito de espaço existe por si mesmo nem a mera ausência de qualquer coisa existe por si só. Em outras palavras, se analisarmos onde esse espaço está ou o que ele é exatamente, fica ainda mais óbvio que não podemos encontrá-lo do que no caso de uma mesa. Em relação à mesa, podemos, pelo menos convencionalmente, falar do seu comprimento, da sua largura e da sua altura e de qual cor ela tem, mas, em relação ao espaço, não podemos determinar nada disso.

Parece que há sempre muitos problemas em torno da noção de espaço, o que é de alguma forma bastante significativo. No budismo, o espaço é entendido como a própria ausência de obstrução, dentro da qual as coisas que implicam obstrução podem se mover e interagir. Se o espaço inteiro estivesse cheio de coisas, nada jamais poderia acontecer, parecido com uma sala que está abarrotada de coisas até o teto. Numa sala dessas, não há nenhum espaço para entrar, muito menos para se mover. Nossas mentes, às vezes, se parecem com uma sala cheia de coisas na qual é muito difícil para qualquer coisa se mover — tudo parece estático e fixo. Além disso, se tentarmos tirar uma coisa, o resto pode simplesmente desabar sobre nós como uma avalanche. Então, ou nós a deixamos como está ou precisamos ser cuidadosos ao começar a mover as coisas.

PERGUNTA: O exemplo da água e do gelo tem relação com o fato de as duas realidades não serem nem iguais nem diferentes, mas ainda terem alguma relação?

KB: Sim, exatamente isso. Se temos um pedaço de gelo, não podemos dizer que seu estado de gelo ou seu estado de água são iguais ou diferentes. Quando a água se transformou em gelo, não é água porque não parece a mesma e não desempenha as mesmas funções que a água desempenha. Por exemplo, não podemos bebê-la ou lavar nossas roupas com ela. Mas, ao mesmo tempo, não podemos dizer que essa água e esse gelo são duas coisas totalmente diferentes, porque a natureza do gelo é água. Além disso, não podemos realmente tirar a água do gelo e colocá-la próxima ao gelo. Ou há uma aparência de água ou há uma aparência de gelo, não podemos ter os dois fenômenos distintos ao mesmo tempo. Da mesma forma, não podemos tirar a vacuidade de uma mesa e colocá-la próxima à mesa, mas, em termos de como a vacuidade e a mesa aparecem, também não podemos dizer que são exatamente iguais.

PERGUNTA: Quanto às expressões "realidade relativa" e "realidade última", "realidade relativa" parece se referir à aparência e "realidade última" à vacuidade. Mas, às vezes, "realidade relativa" é explicada como a forma pela qual seres comuns percebem as coisas e "realidade última", como a forma pela qual bodhisattvas e buddhas percebem as coisas. Portanto, parece haver duas maneiras de entender essas expressões.

KB: A primeira explicação é da perspectiva dos objetos, enquanto a segunda é da perspectiva dos sujeitos que percebem esses objetos. O Oitavo Karmapa disse que, quando falamos de realidade última, ela não existe em nenhum outro lugar a não ser nas mentes daqueles que a percebem. A realidade última não é um objeto que existe em algum lugar lá fora e no qual nós esbarramos. Não há realidade última ou realidade relativa independente do observador. Na verdade, se experimentamos a realidade última ou a relativa é uma questão de termos ou não transformado toda a nossa perspectiva mental. Essa transformação completa de como nos vemos e como vemos o mundo é, então, chamada de "realidade última" porque uma mudança do sujeito percebedor acarreta uma mudança no objeto que ele percebe. Enquanto houver ignorância no fluxo mental, haverá delusão produzindo formas de objetos deludidos, como aqueles pontos pretos que alguém com catarata vê. Do ponto de vista de alguém que não tem catarata, a percepção dos pontos pretos é enganosa, porque esses pontos não aparecem para alguém sem essa doença. Para recuperar uma percepção correta, nem podemos nem temos que remover os pontos, mas temos de trabalhar nos olhos do percebedor. Da mesma forma, não precisamos remover as aparências, mas trabalhar em como as percebemos e nos fixamos a elas. Como Tilopa disse a Nāropa:

> Não são as aparências que o aprisionam, mas a sua fixação a essas aparências. Por isso, abandone a sua fixação, Nāropa!

Além disso, quando falamos sobre ver as terras puras e coisas assim, isso não é uma melhoria das aparências, tampouco significa sair de um conjunto de aparências e ingressar num cenário superior diferente. O que muda é a nossa percepção.

Um exemplo para ilustrar que a diferença entre realidade relativa e realidade última está nos olhos de quem vê, por assim dizer, pode ser encontrada em livros como *Olho Mágico,* que já existem há alguns anos. Esses livros contêm imagens bidimensionais, e se olharmos da maneira correta, poderemos repentinamente ver uma imagem tridimensional em vez da imagem bidimensional.

Obviamente, a imagem bidimensional não mudou fisicamente, nós vemos algo que não estava lá antes apenas porque a nossa forma de ver mudou. Com esse exemplo, podemos ver o o quanto a nossa perspectiva pode mudar radicalmente mesmo num nível simples e convencional. Então, se extrapolarmos isso ainda mais, podemos ter uma ideia do que é possível em termos de perceber a nós mesmos e ao mundo de uma forma completamente diferente em termos da realidade última. Ver as imagens bidimensionais é como ver as meras aparências sem qualquer vacuidade, enquanto ver as tridimensionais ilustra a visão da união de aparência e vacuidade.

Também é interessante considerar a maneira pela qual precisamos olhar para aquelas imagens bidimensionais para ver as tridimensionais. Quanto mais focamos na imagem bidimensional existente e tentamos ver algo a mais, menos aquilo funciona. Em vez disso, quando relaxamos os nossos olhos e basicamente olhamos através do primeiro plano sem focar nele de forma alguma, o fundo tridimensional de repente aparece. De forma similar, os sūtras prajñāpāramitā sempre falam sobre "não focar" e "não observar" fenômenos, e que essa é a forma mais elevada de ver, ou seja, ver a realidade última. Por isso, talvez esses livros como *Olho Mágico* sejam a versão moderna dos "Sūtras Prajñāpāramitā para leigos."

PERGUNTA: A experiência da realidade última, mesmo que seja passageira, ocorre de forma espontânea ou instantânea, portanto, a compaixão surge, igualmente, de forma natural junto com essa experiência? Em outras palavras, a experiência da grande compaixão ou do cuidado por todos os seres surge da realização da vacuidade?

KB: A realização da vacuidade sem compaixão é impossível. Porém, não é que, ao realizar a vacuidade, de repente saltamos de nenhuma compaixão para uma compaixão ilimitada por todos os seres sencientes, uma vez que essa realização definitivamente depende de ter previamente cultivado a compaixão. Apenas meditar sobre e realizar o absoluto — a vacuidade — infelizmente não é suficiente; o caminho para o estado búdico envolve muitas outras práticas no nível da realidade relativa para cultivar e ampliar a compaixão e colocá-la em ação. A compaixão é com frequência comparada com a qualidade umedecedora da água, por umedecer o nosso fluxo mental, tornando-o, assim, maleável, flexível e fértil. Se nos falta compaixão, nossa mente é como um pedaço de couro seco muito velho. É muito rígida e quase sem vida, não importa quanto *insight* sobre a vacuidade possamos ter. Se tivermos uma ênfase exagerada na prajñā que realiza a vacuidade, nossa mente pode se tornar como aquele couro duro ou como uma espada afiada, que corta muito bem, mas não tem coração. É por isso que falamos de "vacuidade com um coração de compaixão". Uma vez que a vacuidade é totalmente realizada, também há compaixão completa precisamente porque não há mais nenhum senso de essência pessoal. Isso significa que toda a energia da nossa mente que costumava ser sugada para dentro daquele buraco negro da fixação ao ego é liberada. Então, o que ela faz? Ela apenas se projeta na direção dos outros. Toda a energia da nossa mente que é liberada irradia-se para fora, alcançando os outros, porque isso é o que a mente naturalmente faz se não está confinada pela fixação a uma essência pessoal e à existência real dos fenômenos.

Podemos dizer que a nossa fixação a uma essência pessoal é como água fervente numa panela a vapor bem vedada. A água nessa panela não pode ir a nenhum lugar, apenas se transforma num vapor muito quente girando rapidamente. A situação toda lá dentro é claustrofóbica e dolorosa. Mas, quando abrimos a panela, o vapor se espalha em todas as direções, esfria e umedece tudo. Não há mais pressão, prisão ou dor; em vez disso, ele circula de forma natural e mais lúdica, desfrutando da sua liberdade. Dessa forma, poderíamos dizer que a nossa mente se comporta como água. Podemos aquecê-la e colocá-la sob grande pressão, mas, quando retiramos a sua prisão da fixação ao ego e o calor das nossas aflições mentais, tal como a água, ela arrefece e naturalmente se espalha por todos os lados. É assim que a vacuidade e a compaixão caminham juntas. Realizar a vacuidade significa realizar que não há prisão e que a nossa mente pode se mover de maneira livre. Se a deixarmos mover-se assim, o que ela faz é aproximar-se compassivamente dos outros, vendo que não há fronteiras entre nós e os outros. É como se aproximar das outras panelas de pressão e ajudá-las a abrir suas tampas.

PERGUNTA: Para perceber a realidade última diretamente, há algo a ser transformado além da nossa mente conceitual?

KB: A nossa mente conceitual é o nível mais superficial de todas as camadas da nossa mente que precisam ser transformadas. No budismo, falamos sobre seis ou oito tipos de consciências. As consciências mais superficiais são as cinco consciências dos sentidos e a consciência conceitual, enquanto as mais sutis consistem na "mente aflita" e na "consciência-ālaya". Esta última é o nível mais fundamental da nossa mente dualista e representa a totalidade da nossa ignorância sobre como as coisas realmente são, que consiste nas tendências latentes para tudo que aparece como objetos e as consciências que os percebem. As outras sete consciências e os seus objetos emergem da consciência ālaya e a ela retornam, assim como as ondas surgem e se dissolvem novamente no oceano. A mente aflita é a parte da nossa mente que confunde a consciência ālaya com nossa essência pessoal e, dessa forma se fixa a ela, maculando assim todas as percepções, pensamentos e emoções a partir da perspectiva do nosso ego. Além dessas oito consciências primárias, há também muitos fatores mentais, tais como sensação, discriminação, raiva, desejo, ignorância, prajñā, e assim por diante. No caminho, trabalhamos com todas, e elas se transformam ou mudam seus respectivos estados. Muitos textos explicam em detalhes como as oito consciências emergem como sua verdadeira natureza, que são os cinco tipos de sabedorias búdicas que já discutimos. Em resumo, a consciência ālaya se torna a sabedoria do espelho; a mente aflita, a sabedoria da igualdade; a mente conceitual, a sabedoria discriminativa; e as consciências sensoriais, a sabedoria que tudo realiza. A sabedoria do dharmadhātu é a expansão fundamental da mente na qual tudo isso acontece.

Embora a mente conceitual seja o nível mais superficial de consciência, é ela a que mais utilizamos normalmente. Por isso, muitos ensinamentos budistas recomendam que trabalhemos com os nossos pensamentos de forma hábil, em vez de tentarmos nos livrar deles, o que, de qualquer modo, não funciona. É também por isso que se diz na tradição Mahāmudrā que "os pensamentos são dharmakāya", que significa a mesma coisa que "forma é vacuidade". Não significa, literalmente, que os nossos pensamentos, tal como aparecem, *são* dharmakāya, porque então não haveria mais o que fazer. Significa que a natureza dos nossos pensamentos é dharmakāya. No exemplo do gelo e da água, não podemos realmente dizer que gelo é água, mas a natureza do gelo é água. Isso significa que o gelo pode se transformar em água, não por meio de uma transformação miraculosa, mas porque a água já é sua natureza. Não temos de manipular o gelo para ele se transformar em água — na sua essência, ele já é água. Da mesma forma, pensamentos ou qualquer coisa que apareça na nossa mente carregam em si a verdadeira natureza da mente, então é uma questão de deixar essa natureza emergir.

PERGUNTA: Quando trabalhamos na penetração da fronteira entre a essência pessoal e o outro, isso é prajñā ou compaixão?

KB: São ambas. De um ponto de vista do budismo Mahāyāna, não podemos realmente dissolver a fronteira entre a essência pessoal e o outro apenas por meio da compaixão ou da vacuidade. Ambas devem andar juntas. Se tentarmos fazer isso apenas pela compaixão, ainda há uma certa fixação a nós mesmos e à existência real, o que nos impede de dissolver completamente todas as fronteiras. Se tentarmos fazê-lo apenas com a vacuidade, teremos o problema dessa abordagem ser muito fria e clínica, sem muito coração. Não é apenas um problema técnico, como derrubar um muro entre nós e os outros, porque existe uma qualidade emocional afetiva nesse processo. Se ela faltar, não funciona. Poderíamos dizer que não é suficiente apenas derrubar os muros entre nós e os outros, mas também temos de nos aproximar e falar com os outros. Se apenas derrubarmos os muros e ficarmos do nosso lado do muro enquanto eles ficam do lado deles, então ainda estaremos ignorando aquelas outras pessoas e não haverá conexão, como vizinhos próximos que se veem todos os dias, mas nunca conversam e não sabem nada sobre o outro. Portanto, a vacuidade ou prajñã é muito boa para derrubar os muros, mas, para nos relacionarmos efetivamente com os outros, precisamos de compaixão ou da energia extrovertida da nossa mente. Prajñã não é o que faz isso, porque prajñã apenas atravessa e remove os obstáculos para uma aproximação genuína. Portanto, precisamos das duas; prajñã e compaixão são como um combo.

Ao mesmo tempo, é importante ver que prajñã e compaixão se potencializam mutuamente. Por exemplo, se tivermos um sentimento avassalador de compaixão, as fronteiras entre nós e os outros se dissolvem de modo natural um por um. De fato, nós nos esquecemos por completo de nós mesmos, e não há nenhum senso de separação, mas apenas empatia sem limites. Ao mesmo tempo, se tivermos algum senso da irrealidade ou qualidade ilusória dos fenômenos, as linhas divisórias entre nós e os outros também se tornam muito mais transparentes e podemos ver melhor quem, na verdade, são esses outros e que eles sofrem da mesma forma que nós.

Quando ficamos sabendo de todas essas coisas sobre vacuidade, muitas vezes podemos nos perguntar onde está o coração nisso tudo. Se apenas falarmos sobre ela de um ponto de vista intelectual, em geral soa como algo muito seco e analítico. Mas, se pensarmos sobre o que é a compaixão, significa realmente não ter uma essência pessoal, como ilustrado pela expressão em "ausência de essência pessoal"[11]. Se não tivermos ego e nenhuma preocupação com nós mesmos, o que a nossa mente fará? Isso não significa que apenas vamos dormir ou que nos tornamos um vegetal, mas sim que há muita energia que é liberada para naturalmente nos movermos em direção aos outros. Acho que todos nós temos experiências disso.

Todos os elementos do nosso corpo e da nossa mente são como o espaço

Isso finaliza nossa discussão sobre a profundidade em quatro aspectos de "Forma é vacuidade, vacuidade também é forma. Vacuidade não é diferente de forma, forma não é diferente de vacuidade." Apesar disso, essa profundidade em quatro aspectos não se aplica apenas à forma e à vacuidade, mas também aos quatro skandhas restantes de sensações, discriminações, formações e consciência. Portanto, o Sūtra do Coração continua:

> Da mesma forma, sensação, discriminação, formação e consciência são vacuidade.

Quando entendida de forma adequada e completa, a breve explicação "forma é vacuidade e vacuidade é forma" já abrange todos os fenômenos. Porém, para aqueles que precisam de explicações mais detalhadas, o mesmo princípio pode ser aplicado aos outros skandhas, como o das sensações (que provavelmente é de longe o maior skandha dos ocidentais, enquanto, no Oriente, é bem pequeno). Discriminação refere-se especialmente ao nível conceitual de fazer distinções entre coisas ao discriminar suas características, como grande e pequeno ou bom e mau. O skandha das formações inclui todos os fatores mentais que não estão contidos no segundo, terceiro e quinto skandhas, como aqueles que sempre acompanham qualquer estado de mente, as aflições primárias e secundárias e os fatores mentais virtuosos. O skandha da consciência consiste nas seis ou oito consciências supramencionadas. Todos esses skandhas são iguais no sentido de que são inseparáveis da vacuidade.

O Buddha nos oferece os cinco skandhas como uma lista de fenômenos para não perdermos nenhum deles. Podemos concordar que forma é vacuidade e vacuidade é forma, mas o que dizer das sensações, que parecem ser muito mais vívidas e reais? Ou podemos pensar que a nossa consciência não é vazia. Cada skandha, por sua vez, tem muitas subdivisões, de modo que eles são como listas detalhadas para toda a nossa existência psicofísica, tanto em termos do corpo como da mente. Na abordagem fundamental do budismo, os skandhas são usados em especial para verificar se há uma essência pessoal verdadeiramente existente em algum lugar dentro do nosso corpo ou da nossa mente. Para não fazer isso apenas em um nível grosseiro, mas também em um nível sutil, podemos percorrer todas as subdivisões dos cinco skandhas e não esqueceremos nenhum constituinte da nossa existência.

Esse processo é um pouco parecido com a procura de uma chave na nossa casa. Nossa casa tem vários cômodos, que são como os cinco skandhas, assim, percorremos todos os cômodos e procuramos. Se não acharmos a chave, percorremos os cômodos de novo e também procuramos em todos os armários, em todas as gavetas, embaixo da cama, e assim por diante, que são como as subdivisões dos cinco skandhas. Uma vez que tenhamos verificado muitas vezes cada cantinho da nossa casa e não tenhamos achado a chave, podemos ter certeza de que ela não está na casa. Da mesma forma, procuramos pela nossa essência pessoal nos cinco skandhas e, quando não a encontramos em nenhum lugar, temos de concluir que não há tal essência pessoal de modo algum, porque a nossa essência pessoal ou ego não pode estar em nenhum outro lugar além do nosso corpo ou da nossa mente, não estaria no nosso carro, por exemplo. Se bem que a essência pessoal de algumas pessoas pode realmente estar no carro delas, eu acho... O ponto dos cinco skandhas é nos dar uma lista exaustiva de lugares para procurarmos a nossa essência pessoal. Ao contrário do exemplo da chave, em que ela ainda poderia estar no nosso carro ou em algum outro lugar fora da nossa casa, os skandhas incluem todos os possíveis lugares para a nossa essência pessoal. Em termos da nossa experiência, e não apenas como um conceito filosófico (como um *ātman*), é provável que não aja ninguém que pense que a sua essência pessoal está realmente em algum lugar fora do seu próprio corpo e da sua própria mente.

Assim, essa é a abordagem do budismo fundamental no sentido de não existir nenhuma essência pessoal nos skandhas, mas o Sūtra do Coração vai ainda além. Ele não apenas afirma que não há nenhuma essência pessoal nos skandhas, mas que os próprios skandhas também não existem. Se desmontarmos a nossa casa inteira peça por peça e ainda assim não encontrarmos a nossa chave, podemos ter absoluta certeza de que ela não está na casa. Mas aqui não estamos apenas procurando a chave da essência pessoal que não existe na casa dos skandhas, estamos destruindo essa casa completamente, que é a forma mais completa de busca pela nossa existência.

A profundidade em oito aspectos

Para deixar isso realmente claro, o Sūtra do Coração continua com o que chamamos de "a profundidade em oito aspectos":

Assim, Śāriputra, todos os fenômenos são vacuidade, sem características, sem surgimento, sem cessação, sem impureza, sem pureza, sem diminuição e sem crescimento.

Isso significa que todos os fenômenos não apenas são vazios de qualquer natureza intrínseca ou existência real, como também carecem das sete características restantes.

Sem exceções na vacuidade

Quanto a "todos os fenômenos são vacuidade", os cinco skandhas incluem todos os fenômenos samsáricos condicionados, que também são chamados "fenômenos aflitos". Porém, existem ainda mais dharmas, ou fenômenos, ou seja, fenômenos não condicionados (como o espaço) e fenômenos purificados. Os sūtras prajñāpāramitā dizem que não importa qual fenômeno apontemos, ele é vazio. Esses sūtras listam 108 conjuntos de fenômenos, 53 fenômenos aflitos e 55 fenômenos purificados. Os sūtras prajñāpāramitā tentam ostensivamente se livrar dos 75 dharmas do abhidharma, mas então eles introduzem ainda mais fenômenos. Porém, não introduzem todos esses fenômenos para dizer que são melhores do que aqueles do abhidharma, mas para mostrar que esses fenômenos também não funcionam. Além disso, depois de terem demolido todos os fenômenos abhidhármicos, os sūtras prajñāpāramitā introduzem também todos os fenômenos do caminho Mahāyāna e sugerem: "Esqueçam esses também".

A rigor, os sūtras não recomendam deixar de lado esses fenômenos imediatamente. Eles nos pedem para, primeiro, nos familiarizarmos com eles, ver o que significam e usá-los na nossa prática, mas também para ver o que realmente são, ou seja, vazios de qualquer natureza própria. Isso inclui não apenas todos os fenômenos samsáricos, mas todos os fenômenos do caminho

Mahāyāna e sua fruição, começando com a bodhicitta, os bhūmis, todas as meditações, experiências e realizações do caminho, bem como a onisciência de um buddha. Faz sentido dizer que nem mesmo a sabedoria de um buddha é exceção à vacuidade, pois, quando a vacuidade é totalmente realizada, não há nada para apontar, então como poderia a sabedoria de um buddha ser algo que pudesse ser apontado? Além disso, se essa sabedoria fosse realmente existente, isso significaria que alguma coisa estática teria a perspectiva infinita sobre as dinâmicas da infinitude da originação dependente, o que não é possível. Em outras palavras, o percebedor último e o objeto último devem estar em sintonia — a única forma de perceber a liberdade de todos os pontos de referência é não ter ou sustentar quaisquer pontos de referência. Isso significa que a mente de um buddha tem um escopo panorâmico e uma abertura, sem estar presa em nada. Enquanto nos agarrarmos a qualquer coisa na nossa mente percebedora, isso significa que não temos uma perspectiva ampla, mas estamos colados a algum ponto de referência ilusório.

Podemos, ainda, nos perguntar: "Qual é o sentido de introduzir todos os tipos de coisas, como os caminhos e bhūmis, sobre os quais não tínhamos pensado antes e, então, dizer que eles não existem de forma alguma? Por que não apenas deixar as coisas como estão?" Isso é, na verdade, exatamente o que o Buddha mais gostaria de fazer, mas, infelizmente, não funciona como um caminho para a liberdade. É como naquele ditado Zen: "Primeiro, as montanhas são montanhas. Depois, as montanhas não são montanhas. Por fim, as montanhas são montanhas". Isso soa estranho, mas é assim mesmo. Primeiro, nós pensamos sem questionar que montanhas são montanhas, o que significa que temos muita sobreposição conceitual. Depois, nós desmantelamos toda essa sobreposição, o que significa que não há mais montanhas como costumávamos ver. Por fim, apenas vemos o que realmente está lá, que é a aparência do que chamamos de uma montanha sem nenhuma sobreposição conceitual. Mesmo tentando ser simples, é muito difícil pular para esse terceiro estágio sem termos desmantelado todas as nossas sobreposições conceituais e imputações.

O abhidharma tenta descrever a sua versão da realidade última como sendo uma multiplicidade, mapeando o mundo e dizendo que tudo nele é real. O Mahāyāna apresenta toda a variedade fenomênica que aparece num nível convencional, mas então diz: "Em última instância, nenhum desses fenômenos existe realmente". Os sūtras prajñāpāramitā apenas nos dão essas listas longas para assegurar que nenhum fenômeno seja esquecido, pensando que esse deve verdadeiramente existir enquanto todos os outros não. Como Wittgenstein disse: "A filosofia deveria ser completamente simples". Bem, o resultado é completamente simples, mas o processo infelizmente não é, porque temos de trabalhar com a nossa mente complicada. Se temos uma mente muito simples, métodos simples dão conta, mas a maioria das pessoas não tem uma mente simples. Podemos verificar a qual categoria pertencemos contando quantas vezes perguntamos "por quê". Se perguntamos "por quê" com muita frequência, definitivamente não estamos na categoria de mentes simples. Enquanto continuarmos perguntando "por quê", ainda estaremos procurando por mais respostas e não estaremos prontos para nos soltarmos.

Em um comentário contemporâneo sobre o Sūtra do Coração do ponto de vista da física quântica, se diz que, quando os *sūtras* falam de todos os fenômenos, eles são muito parecidos com as instâncias pontuais na mecânica quântica ou com a dualidade onda-partícula. Isso significa que o modo como esses fenômenos aparecem e como eles se comportam depende de como os focamos. Na física quântica, todos esses fenômenos são descritos como sendo muito elusivos e nem mesmo existentes de uma forma estritamente material. Basicamente, todos esses fenômenos são simplesmente descritos como momentos fugazes de aparências, e quanto mais claro isso estiver, cada vez fica mais óbvio que eles são vazios de qualquer existência sólida ou duradoura. A física quântica diz que essas partículas-onda, partículas subatômicas, ou como quisermos chamá-las, não são alguma coisa que podemos realmente encontrar, pois elas são definidas como um complexo de relações, que é uma ideia muito dinâmica e imaterial do que tal "partícula" é. Normalmente, quando pensamos sobre uma partícula ou um objeto, pensamos que ele é alguma coisa estática, porque a nossa percepção de baixa tecnologia o congela dessa forma. Porém, na realidade, tudo o que percebemos é um processo dinâmico. Não apenas a nossa mente percebedora é dinâmica, uma vez que muda momento a momento, mas os objetos também o são. Do ponto de vista da vacuidade, ou formulando mais positivamente, do ponto de vista da originação dependente, os fenômenos não podem ser definidos por si mesmos; na verdade, só podemos falar sobre eles como complexos de relações mútuas com outros fenômenos, que, por sua vez, constituem complexos de relações com outros complexos de relações. Tanto a física quântica quanto o budismo dizem que os fenômenos são como um cruzamento em constante mudança de um número infinito de ondas em um oceano ou de flutuações fugazes num campo imensurável de energia flutuando livremente.

É claro que não percebemos os fenômenos dessa forma. Por exemplo, quando assistimos a um filme, não vemos realmente todas as imagens separadas no filme, que são muito mais do que podemos perceber, mas nossa percepção as mistura. Há trinta e duas imagens por segundo, mas nós as tomamos como um objeto. Talvez devêssemos assistir aos filmes olhando para o filme, e não para a tela.

A aparência da filha de uma mulher estéril

Quanto ao Sūtra do Coração dizer que todos os fenômenos são "livres de características", o budismo comumente fala sobre características gerais e específicas. Por exemplo, uma característica geral do som de um sino é que ele é impermanente. A característica de ser impermanente é comum a todos os fenômenos condicionados como os sons, mas também podemos identificar as características específicas do som de um sino específico num momento específico, tais como sua duração, seu tom, seu ritmo, e assim por diante, o que o distingue não apenas de qualquer outro som, mas de qualquer outro fenômeno. No abhidharma, tanto as características gerais quanto as específicas são consideradas realmente existentes. Mas, aqui, ambas são consideradas vazias no sentido de que não existem de qualquer forma intrínseca.

Quando entendemos a vacuidade, subentende-se que não há características. Se todos os fenômenos são vazios de uma natureza própria, eles também são vazios de características. O fato de ainda ficarmos presos nas características significa que não entendemos de fato a vacuidade dos fenômenos. Por exemplo, se, uma flor não existe realmente, é irrelevante falar sobre quaisquer características dela — é como discutir sobre a aparência da filha de uma mulher estéril. Ainda assim, o Sūtra do Coração fala sobre a ausência de qualquer característica, pois, embora a ausência de características seja logicamente implicada pela vacuidade, isso não necessariamente significa que essa ausência esteja completamente realizada. Mesmo se entendermos que uma flor como tal é vazia, ainda poderíamos ficar presos em algumas de suas características aparentes e impressionantes, como as suas cores vívidas ou o seu cheiro maravilhoso, e então ter dúvidas sobre sua falta de existência real.

Às vezes, solidificamos as características de alguma coisa ainda mais do que a própria coisa. Por exemplo, podemos ter um carro muito bom que custou muito caro. Nós o valorizamos muito e ficamos completamente presos em todas as suas maravilhosas características. Nem sequer importa mais se é um carro ou uma vaca ou qualquer outra coisa, porque é o nosso carro, tão precioso, tão legal, e tão impressionante quando mostrado aos outros. Essa é também uma razão para o Sūtra do Coração dizer que todos os fenômenos são "livres de características". Podemos usar isso como um lembrete quando somos carregados pelas características de alguma coisa, sejam elas boas ou ruins. Isso também significa que não há nenhuma característica de aflição e pureza, ou seja, não há nenhuma característica no sentido de alguns fenômenos nos prenderem no saṃsāra e outros nos liberarem dele. Não há nenhuma característica ou diferença entre saṃsāra e nirvāṇa, eles são apenas imputações sobre aparências vazias.

Todos os fenômenos são não nascidos e incessantes

As próximas duas características da "profundidade em oito aspectos" são:

> sem surgimento, sem cessação.

Também poderíamos dizer: "Não há nascimento de qualquer coisa e, portanto, não há cessação". Isso é o que os textos Madhyamaka falam o tempo todo — "sem surgimento" é um dos grandes temas deles. Quando os textos Madhyamaka investigam a vacuidade de todos os fenômenos por meio do raciocínio, eles usam duas abordagens principais. Uma é analisar diretamente a natureza do objeto, e a outra é analisar suas características. Essas duas abordagens correspondem às duas frases acima do Sūtra do Coração, que "todos os fenômenos são vacuidade" e "sem características", respectivamente. Ambas são boas o suficiente, mas uma funciona melhor para algumas pessoas, e a outra funciona melhor para outras. Além disso, como já foi mencionado, elas se complementam mutuamente e asseguram o entendimento do escopo completo da vacuidade.

Quando analisamos a natureza de uma flor, por exemplo, o raciocínio clássico é examinar se a flor é realmente uma ou muitas e ver que não é nenhuma das duas. Se não pudermos encontrar nada que seja a "qualidade de flor" da flor, que seria a única coisa a ser a sua essência ou a constituí-la, então o que aparece como uma flor também não é uma multiplicidade, porque qualquer multiplicidade tem de ser composta de muitas "unidades". Falando de modo convencional ou em termos de meras aparências, é claro que podemos dizer que uma flor é "muitas", porque ela consiste de muitas partes. Porém, esse não é o ponto aqui, porque, quando analisamos cada parte da flor, encontramos partes ainda menores, que podem ser divididas em uma progressão infinita. Esse raciocínio investiga se a flor é alguma coisa que existe de forma verdadeira e independente como uma coisa única, uma coisa que podemos identificar, apontar, isolar, extrair ou definir como sua essência final e indivisível, similar à física moderna procurando pela "menor partícula possível" como a verdadeira natureza última imutável dos fenômenos. Porém, se não podemos encontrar nem mesmo uma "unidade" realmente existente, também não podemos encontrar quaisquer "muitos" verdadeiramente existentes.

Se realmente entendermos isso, é o suficiente para entendermos a vacuidade de uma flor e não temos de nos preocupar com suas características. Mas se não estivermos satisfeitos com o raciocínio da ausência de um e muitos, também podemos tomar a segunda abordagem e verificar novamente, examinando as características de uma flor, como, por exemplo, se ela realmente surge em algum momento ou não. Falando convencionalmente ou em termos de meras aparências, é claro que sementes de flor se transformam em brotos, que eventualmente florescem, mas, quando olhamos para esse processo de crescimento, não podemos encontrar qualquer surgimento real em lugar algum.

Em geral, na Madhyamaka, o surgimento é analisado por meio de causa e efeito. Ou seja, analisamos se há qualquer relação real entre causa e resultado de alguma forma. Desse modo, para que alguma coisa surja, a causa deve preceder seu resultado. Caso contrário, não estaremos realmente falando sobre causalidade. Parece haver algumas exceções na física moderna em termos de o resultado preceder a causa, mas, no que se refere às nossas experiências, que é do que se trata aqui, as causas precisam vir antes dos seus resultados. Se acreditamos que uma flor realmente surge, deve haver alguma relação entre a sua causa e o resultado. O raciocínio Madhyamaka leva isso a um nível momentâneo, o que significa que, quando uma certa causa existe, o seu resultado ainda não está lá. No próximo momento, quando o resultado está lá, a causa já não existe mais. Esse é o princípio da causalidade. Causa e resultado não podem existir simultaneamente, caso contrário, não os consideraríamos, para início de conversa, como causa e resultado. Se eles existissem simultaneamente, por que precisaríamos daquela causa, uma vez que o resultado já está lá? O fato de duas coisas existirem simultaneamente mostra que elas não são uma causa e seu resultado, porque o resultado não pode existir junto com sua causa, da mesma forma que uma flor não coexiste com sua semente.

Se olharmos para essa sequência de causa e resultado e se virmos que, a qualquer momento, ou há apenas a causa ou apenas o resultado, então como a causa poderia fazer qualquer coisa para o resultado? Como ela poderia produzir o resultado se ambos nunca sequer se encontram ou têm contato? Que tipo de interação poderia haver? Por exemplo, se há uma sala com duas portas e uma pessoa entra por uma das portas exatamente no mesmo momento em que outra pessoa sai pela outra porta, elas nem mesmo se veem ou se encontram, e muito menos têm qualquer interação. Por isso, diz-se que não existe nenhum surgimento verdadeiro. Falando convencionalmente, parece funcionar, mas, se analisarmos como os resultados podem surgir das suas causas, a resposta é que eles não surgem realmente delas.

O raciocínio Madhyamaka clássico que investiga o surgimento baseado em causa e resultado é chamado de "o raciocínio das lascas vajra". Se as coisas realmente surgem, elas devem surgir ou de si mesmas, de alguma outra coisa, de ambas ou de nenhuma (ou seja, sem qualquer causa). A maioria das pessoas pensa que as coisas surgem de alguma outra coisa, seguindo a noção usual de causalidade na qual a causa é diferente do resultado. Porém, como acabamos de ver, nesse caso, causa e resultado nunca se encontram ou interagem. Se as coisas surgissem de si mesmas, elas surgiriam o tempo todo, pois, enquanto a coisa em questão está aí, ela deve funcionar como sua própria causa e, portanto, constantemente reproduzir-se, caso contrário, ela não é uma causa produtiva. Então, acabaríamos com o universo inteiro sendo preenchido com coisas autoproduzidas. E se uma coisa surge de si mesma, a causa é inútil ou sem sentido, porque essa coisa já existe. Se combinamos as duas possibilidades, dizendo que as coisas surgem tanto delas mesmas como de outras, pode soar como uma solução inteligente. Convencionalmente falando, pode-se dizer que um pote de argila surge de si mesmo, uma vez que é feito de uma massa amorfa de argila, enquanto também surge de outros, porque é feito pelas mãos de um ceramista, pelo torno de um ceramista, por água, e assim por diante. Porém, como acabamos de ver, se cada uma das possibilidades de surgimento a partir de si mesmo e surgimento a partir de outros não se sustenta sob investigação, como somar duas possibilidades equivocadas poderia melhorar a questão? Ela apenas fica duplamente equivocada.

Por fim, algumas pessoas dizem que as coisas simplesmente surgem espontaneamente, sem qualquer causa ou por acaso. Esse é um conceito muito conveniente que sempre usamos quando não conseguimos ou não queremos explicar alguma coisa, dizendo: "Ah, bem, simplesmente aconteceu". Entretanto, isso também não funciona, porque, se as coisas surgissem sem qualquer causa, o universo inteiro seria completamente aleatório, e qualquer coisa poderia acontecer a qualquer momento. Ao acordarmos pela manhã, não teríamos a menor ideia do que aconteceria no próximo momento — a nossa cama ou a nossa casa poderiam desaparecer de repente e alguma selva com animais selvagens poderia surgir em seu lugar. O surgimento das coisas sem qualquer causa também contradiz a nossa experiência diária, porque qualquer atividade voltada para um objetivo com o qual nos engajamos é baseada na acumulação de certas causas para alcançar certos resultados. Caso contrário, atividades como a agricultura ou a preparação de uma refeição seriam completamente inúteis, porque nunca saberíamos o que aconteceria em seguida e qualquer causa que estabelecêssemos não teria nenhum efeito.

Mas, e aí? Se as coisas não surgem de nenhuma dessas quatro possibilidades (delas mesmas, de outras, de ambas ou de nenhuma), onde isso nos deixa? Isso nos deixa, literalmente, em lugar nenhum. Essa abordagem é típica dos sūtras prajñāpāramitā e da Madhyamaka. Eles consideram todas as formas possíveis como alguma coisa que poderia acontecer ou existir e depois as verificam uma após a outra como não sendo possíveis. Por meio dessas quatro possibilidades de surgimento, identificamos exaustivamente todas as formas possíveis de surgimento. Podemos tentar chegar a uma quinta ou sexta possibilidade, seja ela qual for, mas isso não traz nenhum avanço, porque todas as possibilidades concebíveis estão incluídas nessas quatro. Ao vermos que nenhuma dessas quatro possibilidades é viável, podemos ficar deprimidos ou irritados, ou podemos olhar para a nossa mente, que é a intenção aqui. Ao eliminarmos todas as quatro possibilidades de surgimento real, exaurimos nossa mente dualista conceitual que se apega ao surgimento, nós a derrotamos com suas próprias armas, por assim dizer. Sempre pensamos "Se não é A, então deve ser B, e se não for B, deve ser A". Saltamos de um lado para o outro entre duas possibilidades mutuamente excludentes. Se nenhuma funcionar, podemos dizer: "Talvez sejam ambas,

A e B." ou "Talvez não seja nem A nem B". Enquanto fizermos isso, ainda estaremos no campo da mente dualista. Então, a única solução aqui é abandonar esse campo completamente e deixar de saltitar de um ponto de referência dualista para outro.

Dessa forma, o processo desses tipos de investigações sobre os fenômenos serem um ou muitos ou se realmente surgem é, literalmente, um processo de exaurir a nossa mente conceitual e dualista. Isso também é exatamente o que os koans fazem. Embora os raciocínios Madhyamaka sejam muito mais prolixos e complicados, seu efeito desejado na nossa mente é exatamente o mesmo dos koans, o que significa nos levar a um lugar onde podemos dar um salto, pulando para fora da nossa jaula da mente dualista. Porém, como em geral não fazemos isso, muitas vezes leva um tempo até estarmos prontos para saltar.

Quando trabalhamos com koans, leva um tempo até realizarmos que não existe uma única resposta certa. Os raciocínios Madhyamaka também não são a resposta, eles não estão tentando nos dizer como as coisas *realmente* são. Eles estão tentando nos dizer: "Não é isso, não é isso e não é isso". Ao esgotarmos todas as possibilidades conceituais, precisamos olhar para dentro, olhar de volta para a nossa mente e ver o que ela está fazendo nessa situação. O que aquele que fez essa análise está experienciando nesse momento? O que aquele que descartou todos esses pontos de referência está sentindo agora? A nossa mente ainda está lá e está experienciando. Se concluirmos aqueles raciocínios, não cairemos mortos nem simplesmente nos dissolveremos no espaço vazio. Ainda há a experiência daquele que fez a análise e descartou todos os tipos de ideias equivocadas.

Esse é o motivo pelo qual as tradições Mahāmudrā e Dzogchen falam da "mente nua". Despimos todos os seus trajes conceituais, um após o outro. Se não olharmos para a nossa mente nua no fim do processo de despir-se, é inútil. Apenas acabamos ficando com uma pilha enorme de roupas inúteis descartadas, mas nunca chegamos a ver o que está dentro delas. Torna-se apenas ginástica mental ou, no pior dos casos, acabamos em algum tipo de niilismo. É aqui que a ideia de liberdade entra, quando atravessamos esses raciocínios ou recitamos o Sūtra do Coração. Uma vez que a nossa mente conceitual tenha se exaurido, há uma lacuna, há a chance de alguma coisa diferente acontecer. Claro que nem a Madhyamaka nem o Sūtra do Coração nos dizem o que isso poderia ser, e por uma boa razão, porque nós imediatamente nos apegaríamos a essa coisa e, assim, voltaríamos à estaca zero. Não podemos ficar despidos quando tiramos todas as nossas roupas habituais e, então, colocamos esse novo vestido realmente chique. Em outras palavras, não se pode fabricar o estado não fabricado.

"Sem surgimento" também significa que não há surgimento a partir da ignorância. A única forma pela qual os fenômenos parecem surgir no nível da realidade convencional é pela nossa ignorância sobre como as coisas realmente são. Ao nos convencermos de que não há surgimento real, naturalmente, não há nenhuma cessação também, essa é a parte fácil. O que não vem de lugar nenhum não vai a lugar nenhum. Ou o que nunca surgiu em momento algum não pode cessar em momento algum. Em outras palavras, não há o surgimento de algo que não existia antes e não há a cessação de algo que realmente existia. Em geral, quando falamos sobre surgimento, pensamos que alguma coisa não existia e então, de repente, ela se torna de alguma forma existente. Depois de ter existido por um tempo, ela cessa, tornando-se inexistente. Porém, mesmo num nível convencional, se aceitarmos a causalidade, nunca ocorre de algo surgir do nada ou de algo se transformar em nada desaparecendo completamente. Por exemplo, uma árvore surge de uma semente e essa semente vem de outra árvore e assim por diante. Mesmo que a árvore apodreça, sua substância não desaparece completamente, mas se transforma em terra, e então outras plantas crescem a partir dessa terra. Uma árvore consiste de todo o tipo de diferentes substâncias ou moléculas químicas, e, quando ela se decompõe, isso significa apenas que a forma macroscópica da árvore desaparece, enquanto suas moléculas não desaparecem, mas são simplesmente rearranjadas de diferentes formas, como, primeiro, se transformando em terra e, depois, se tornando parte de uma nova planta. Trata-se mais ou menos do mesmo caldo o tempo todo, apenas sendo mexido de formas diferentes.

"Sem cessação" também significa que não há nenhuma cessação real da ignorância, uma vez que a ignorância nem surge de fato. Portanto, no caminho não temos que realmente destruir ou eliminar alguma ignorância realmente existente porque ela é, basicamente, apenas uma percepção equivocada, apenas como confundir uma mangueira em zigue-zague com uma cobra. Assim que dermos uma boa olhada naquela "cobra", veremos que não é uma cobra, e, assim, a nossa ignorância de que a mangueira não é uma cobra se dissolve naturalmente. Quando percebemos que, nunca houve cobra nenhuma, podemos ver que a nossa percepção de uma "cobra" também nunca existiu de fato.

Os fenômenos e a vacuidade não são nem puros nem impuros

O próximo par da "profundidade em oito aspectos" é:

sem impureza, sem pureza.

Não importa o quão confusos ou comuns os fenômenos possam parecer, uma vez que eles não são diferentes da vacuidade, não há nenhuma impureza verdadeiramente existente que precise ser removida, assim como não há nenhuma ignorância realmente existente para ser eliminada. Os fenômenos não são realmente impuros, eles também não são as impurezas, e nem a vacuidade é maculada por eles. "Impureza" também pode ser interpretada como a atividade da nossa mente apreendendo e se fixando a objetos. Ou podemos dizer que a natureza búdica não está maculada nos seres sencientes. A natureza búdica é sempre imutável, não importa se é a natureza búdica de um ser comum ou a natureza búdica de um buddha. Ela não se torna nem melhor nem pior de qualquer forma. De acordo com o Oitavo Karmapa, não é que os seres sencientes *possuam* impurezas, eles são as impurezas. Portanto, também podemos dizer que a natureza búdica não é maculada *pelos* seres sencientes.

Assim, como não há nenhuma impureza real, também não há nenhuma pureza, porque "não ter impurezas" depende de "ter tido impurezas". Até mesmo da perspectiva da eliminação das impurezas não há nenhuma pureza, porque, da perspectiva última, todos os fenômenos — as impurezas — são vacuidade, luminosidade e pureza fundamental, na qual nunca há impureza de qualquer tipo. É como a impossibilidade de um floco de neve existir nos intensos fogos do inferno ou de escuridão existir em meio ao sol. Da mesma forma, a natureza luminosa da mente é grandiosa demais para qualquer impureza, simplesmente não há espaço para elas, e elas não têm chance alguma de existir lá. Esse também é o significado de a natureza dos pensamentos ser dharmakāya, o que significa realizar que nunca houve qualquer impureza. Realizar isso é liberação, mas quando isso não é realizado é chamado de "saṃsāra", "ignorância", "pensamentos", "obscurecimentos", e assim por diante. Por fim, outro significado de "nem impuro nem livre de impurezas" é que os skandhas nem são diferentes nem idênticos à vacuidade.

Nada a ser adicionado e nada a ser removido

O sūtra conclui "a profundidade em oito aspectos" com:

sem diminuição e sem crescimento.

Uma forma de explicar "sem diminuição e sem crescimento" é que eles representam os extremos da inexistência e da existência — as coisas diminuem e então desaparecem, ou as coisas surgem e então crescem. A vacuidade é completamente livre de qualquer diminuição ou crescimento de qualquer coisa. Diminuição e crescimento só podem acontecer com fenômenos impermanentes e condicionados, mas a vacuidade não funciona dessa forma. Diminuição e crescimento também podem se referir a uma comparação entre seres sencientes e buddhas, no sentido de que podemos pensar que há alguma diminuição da natureza búdica ou da natureza da mente nos seres sencientes, significando que ela não é tão boa como a natureza da mente de um buddha. Com frequência pensamos: "Eu consigo ver que a natureza da mente de um buddha é realmente maravilhosa, mas e a natureza da *minha* mente?". Sem diminuição e sem crescimento também podem significar que a natureza búdica existe em cada ser senciente, mesmo em animais minúsculos como mosquitos, sem nenhuma degradação, e também ela não cresce em qualidade nos buddhas. Podemos pensar: "A natureza búdica num mosquito é realmente tão boa ou tão grande quanto a minha ou quanto a de um buddha?". Obviamente, quando falamos sobre a natureza búdica ou sobre a vacuidade, não estamos falando sobre alguma coisa que apresenta tamanho, dimensão ou limitação.

Sem diminuição e sem crescimento também pode se referir a falhas e qualidades, respectivamente. No caminho, não há nenhum crescimento real de boas qualidades da mente, nem há uma diminuição real das falhas, pois aquilo que percebemos como falhas também é algo que, em primeiro lugar, não existe de fato. As falhas nunca surgiram, passaram a existir ou cresceram, como uma pilha crescente de lixo num filme, e por isso elas não podem diminuir também. Por outro lado, as qualidades da natureza da mente estão lá o tempo todo, portanto, não podem nem diminuir nem crescer. O que quer que pareça com uma diminuição das falhas e um crescimento das qualidades no caminho não é nada mais que a descoberta e a visão graduais das qualidades da natureza da mente. Porém, depois de tudo o que foi afirmado agora, deve estar claro que essas qualidades não são algo existente de forma sólida que possamos apontar. Os sūtras prajñāpāramitā enfatizam repetidamente que se acharmos que encontramos alguma coisa no caminho, como renúncias, realizações ou conquistas, não encontramos nenhuma dessas coisas, mas alguma outra coisa, que é ainda outra versão da nossa fixação básica a fenômenos realmente existentes.

A qualidade fundamental da natureza da mente é precisamente o fato de ela ser infinita, espaçosa e sem quaisquer pontos de referência. Esse é o aspecto de liberdade, esse espaço tremendo. Mas depende de como olhamos esse espaço, se surtamos com sua ausência de base ou se o vemos como um potencial ilimitado. Por exemplo, algumas pessoas são claustrofóbicas, outras são agorafóbicas, e algumas apreciam a vasta espacialidade, mas as suas respostas extremamente divergentes são todas reações à experiência de espaço. Quem quiser ler em mais detalhes sobre como a natureza búdica não cresce no caminho ou nos buddhas, e como ela não diminui nos seres sencientes, pode estudar o *Uttaratantraśāstra*, de Maitreya, que contém muitas instruções e exemplos relacionados a isso.

As três portas para a liberação

Os constituintes da "profundidade em oito aspectos" — os fenômenos são vazios e não têm características, nem nascimento, nem cessação, nem impurezas, nem pureza, nem diminuição e nem crescimento — estão incluídos nas "três portas para a liberação", que são vacuidade, ausência de sinais e ausência de desejos. Os sūtras prajñāpāramitā citam esses três o tempo todo.

A porta para a liberação que é a vacuidade se refere à verdadeira natureza dos fenômenos. Ausência de sinais significa que todas as causas são desprovidas de sinais ou características. Ausência de desejos se refere a todos os resultados não serem algo a ser desejado ou esperado. Uma vez que tudo é vazio e que também não podemos identificar qualquer coisa que caracterizaria uma causa, realmente não há nada para se esperar. O caminho do bodhisattva é uma situação completamente sem esperança, não de uma forma depressiva, mas de uma maneira livre de apegos a qualquer resultado ou conquista particular. Por isso, os bodhisattvas estão totalmente abertos e prontos para qualquer desenvolvimento numa certa situação ou com certa pessoa e eles também não se desapontam. Essa é realmente uma das principais características dos bodhisattvas – não ter expectativas, e como contrapartida disso, nenhum medo também (o que de fato é mencionado depois no Sūtra do Coração). Da perspectiva do sujeito percebedor ou da sabedoria não conceitual, a porta para a liberação que é a vacuidade é representada pelo samādhi de observar os dois tipos de ausência de identidade (a ausência de uma identidade pessoal ou essência pessoal e a ausência de qualquer identidade ou natureza intrínseca nos fenômenos). A porta da ausência de sinais corresponde ao samādhi de observar os skandhas — as bases para esses dois tipos de ausência de identidade — como sendo enganosos. A porta da ausência de desejos é o samādhi de observar o nirvāṇa como sendo a cessação dos skandhas.

Então, de que maneira as oito profundidades estão incluídas nas três portas para a liberação? As duas primeiras — que os fenômenos são vazios e sem quaisquer características em geral — referem-se à porta para a liberação que é a vacuidade. As quatro seguintes — sem surgimento, sem cessação, sem impureza, sem pureza — referem-se à porta da ausência de sinais ou da ausência de características mais específicas dos fenômenos. As duas últimas — sem diminuição e sem crescimento — referem-se à ausência de desejos. Ou seja, se nós de fato entendermos que não há nenhuma diminuição e nenhum crescimento — não há nada a esperar e nada a temer.

O comentário ao Sūtra do Coração pelo mestre tibetano Padma Karpo afirma que a porta para a liberação da vacuidade é explicada no sūtra por todo o texto desde o início até: "Assim, Śariputra, todos os fenômenos são vacuidade". A porta da ausência de sinais é discutida na seguinte passagem: "Sem características... nem o dhātu da consciência mental". A próxima seção até "Nem não realização" explica a porta do estado de ausência de desejos.

O sūtra continua:

> Portanto, Śāriputra, na vacuidade, não há forma, nem sensação, nem discriminação, nem formação, nem consciência...

Como você deve lembrar, a resposta curta de Avalokiteśvara começou com "Forma é vacuidade, vacuidade também é forma" e, depois disso, ele disse que o mesmo vale para sensação, discriminação, formação e consciência. Isso foi sucedido pelas "oito profundidades", que se aplicam a cada um dos cinco skandhas. Agora, Avalokiteśvara basicamente resume e diz que todos os cinco skandhas não existem na vacuidade, da mesma forma que não há nuvens num céu claro e brilhante. Ou, em contraste com a afirmação de que "forma é vacuidade, vacuidade também é forma", que descreve a visão geral da inseparatividade de forma e vacuidade ou as duas realidades, esse trecho pode ser entendido como especificamente se referindo ao equilíbrio meditativo não conceitual dos bodhisattvas nos bhūmis, durante o qual os cinco skandhas não aparecem. Formas, sensações, cheiros, sabores e objetos tangíveis têm características, enquanto a vacuidade consiste na própria ausência de características.

Outras formas de cortar o bolo dos fenômenos ilusórios

As próximas linhas apresentam outros dois conjuntos de fenômenos, que são basicamente outras duas maneiras de cortar o grande bolo dos fenômenos:

> nem olho, nem ouvido, nem nariz, nem língua, nem corpo, nem mente; nem forma, nem som, nem cheiro, nem sabor, nem objeto tangível, nem fenômeno; nem o dhātu do olho até o dhātu da mente, nem o dhātu dos fenômenos, nem o dhātu da consciência mental...

O trecho "nem olho ... nem fenômeno" lista os doze āyatanas e o trecho "nem o dhātu do olho... nem o dhātu da consciência mental" se refere aos doze dhātus. Diferentemente dos cinco skandhas, que incluem somente os fenômenos condicionados, os āyatanas e dhātus representam duas formas um pouco diferentes de classificar todos os fenômenos condicionados e não condicionados. Em especial, é o āyatana dos dharmas ou fenômenos (que é idêntico ao dhātu dos fenômenos e consiste em objetos da consciência mental), que inclui tanto fenômenos condicionados como não condicionados. Entre os fenômenos condicionados, o āyatana dos fenômenos inclui tudo nos skandhas de sensação, discriminação e formação. Segundo o *Abidharmakośa*, esse āyatana também inclui três fenômenos não condicionados: 1) espaço (a ausência não obstrutora de qualquer fenômeno condicionado), 2) cessação analítica, e 3) cessação não analítica. Cessação analítica se refere a tornar-se livre da fixação a um eu e das aflições e dos sofrimentos decorrentes por meio da prajñā de realizar a ausência de uma essência pessoal. A cessação não analítica se refere a alguma coisa simplesmente não existir ou não ocorrer em um certo lugar devido à ausência de causas e condições específicas (por exemplo, chifres não crescerem na cabeça de um cavalo). Outras fontes se referem a quatro tipos de fenômenos não condicionados, listando o quarto como a talidade.

O *Abhidharmasamuccaya* lista oito fenômenos não condicionados: (1) espaço, (2) cessação analítica, (3) cessação não analítica, (4) — (6) as três talidades de fenômenos virtuosos, não virtuosos e neutros, (7) a absorção meditativa sem discriminação, e (8) a absorção meditativa da cessação. A absorção meditativa sem discriminação é o tipo mais elevado de meditação dentro do quarto nível meditativo do reino da forma (o quarto dhyāna). Quando praticado por muito tempo, esse tipo de absorção meditativa leva ao renascimento no nível mais elevado dos deuses do reino da forma. Esse tipo de absorção é caracterizado pela cessação temporária de todas as consciências e todos os fatores mentais com um *continuum* instável (as cinco consciências sensoriais e a consciência mental com os fatores mentais que as acompanham); porém aparências errôneas ocorrerão novamente ao sair dessa absorção meditativa, porque as tendências latentes para o surgimento dessas consciências ainda existem. A absorção meditativa da cessação (também conhecida como "a absorção meditativa na qual a discriminação e a sensação cessam") representa a cessação de todas as consciências com um *continuum* instável assim como a de algumas com um *continuum* estável (as primeiras sete consciências e seus fatores mentais, ou seja, exceto a consciência--ālaya). No caminho budista, emprega-se esse estado como a absorção meditativa culminante no processo do "repouso progressivo em nove etapas". Ele consiste em muitas formas de treinar o acesso e a saída dos quatro dhyānas do reino da forma e também as quatro absorções do reino da não forma, que representam formas cada vez mais sutis e claras de śamatha (calmo repousar). Com base em uma *śamatha* tão refinada, pode-se cultivar a *vipaśyanā* budista (visão superior) de realizar a ausência de uma essência pessoal e dos fenômenos.

Literalmente, "āyatana" significa "apoio" ou "morada." Assim, os doze āyatanas atuam como as fontes ou portas de entrada para as consciências e fatores mentais surgirem. Os āyatanas também permitem o movimento da consciência em termos do sujeito e do objeto. Eles consistem nos seis āyatanas internos (as seis faculdades sensoriais) e nos seis āyatanas externos (seus seis objetos desde a forma visual até os fenômenos conceituais da mente pensante).

Nas escolas budistas inferiores e, convencionalmente, no Mahāyāna, as cinco primeiras faculdades sensoriais (olhos, ouvidos, e assim por diante) e seus respectivos objetos têm a natureza da matéria. Diferentemente das cinco consciências sensoriais, a sexta — a consciência mental — não depende de nenhuma faculdade sensorial física, mas depende da "faculdade do sentido mental". Em geral, nenhum momento de consciência pode surgir sem um momento de consciência que o preceda. O que chamamos de "faculdade do sentido mental" é simplesmente o fato de que a cessação de um momento de consciência precedente aciona um próximo momento de consciência. Isso se aplica a todas as seis consciências, mas se refere especificamente à "faculdade do sentido mental", porque representa a condição mais específica para o surgimento da sexta consciência, que não tem nenhuma faculdade sensorial física. Observe que o momento de consciência imediatamente anterior não precisa, necessariamente, ser do mesmo tipo que o próximo. Por exemplo, não é um momento imediatamente anterior de consciência do olho que dá origem ao primeiro momento da consciência do olho ao acordar pela manhã, mas é um momento imediatamente anterior da consciência-ālaya (ou da consciência mental). Além disso, um pensamento pode surgir com base na cessação de qualquer uma das cinco consciências sensoriais ou da consciência mental. Portanto, o sexto āyatana interno da "faculdade do sentido mental" inclui implicitamente todos os seis tipos de consciências, uma vez que qualquer um deles pode atuar como um momento precedente de consciência. Os objetos correspondentes da consciência mental são encontrados no sexto āyatana externo dos fenômenos.

Quanto aos dezoito dhātus, "dhātu", literalmente, significa "elemento" ou "constituinte". Os ensinamentos descrevem um dhātu como uma causa, uma semente, um potencial ou alguma coisa que tenha suas próprias características definidoras. Dessa forma, os seis dhātus externos (os cinco tipos de objetos percebidos pelas cinco consciências sensoriais e os fenômenos percebidos pela consciência mental) funcionam como as causas, sementes ou potenciais que são apreendidos pelas seis consciências. Os seis dhātus internos (as seis faculdades sensoriais) funcionam como as causas, as sementes ou os potenciais que apoiam a apreensão daqueles objetos. Os últimos seis dhātus (as seis consciências) funcionam como as causas, as sementes ou os potenciais que atuam como o real apreendedor dos objetos. Assim, quando as faculdades sensoriais e seus respectivos objetos se encontram, uma consciência correspondente surge. Em outras palavras, os seis dhātus externos representam os fenômenos que têm as características de objetos, os seis dhātus da consciência representam os fenômenos que têm as características dos sujeitos que percebem esses objetos, e os seis dhātus internos funcionam como os meios que facilitam essa apreensão dos objetos pelos seus sujeitos correspondentes.

Em resumo, os doze dhātus internos e externos são idênticos aos doze āyatanas internos e externos, e o décimo segundo āyatana (a faculdade do sentido mental) inclui implicitamente os seis dhātus de consciência. Assim, os dezoito dhātus consistem dos doze āyatanas mais os seis tipos de consciências. Além disso, os textos também descrevem os seis dhātus que representam os elementos ou constituintes de uma pessoa — terra, água, fogo, vento, espaço e consciência.

Você pode se perguntar "os cinco skandhas não são suficientes? Por que temos de cortar o bolo dos fenômenos novamente por meio dos doze āyatanas e dos dezoito dhātus?". Além do propósito de estudar os cinco skandhas mencionado acima (que igualmente se aplica aos āyatanas e aos dhātus), os ensinamentos também apresentam os skandhas, āyatanas e dhātus pelas três razões apresentadas a seguir. Primeiro, eles permitem aos praticantes reverter os três tipos de ignorância. Segundo, eles se dirigem às pessoas com faculdades superiores, medianas e inferiores, respectivamente. Terceiro, eles atraem aqueles que preferem explicações curtas, médias e detalhadas, respectivamente.

Quanto aos três tipos de ignorância, os skandhas são apresentados com o intuito de remediar a ignorância de tomar a mente como sendo uma unidade. A maior parte do que é explicado nos skandhas discute os múltiplos tipos de consciências e fatores mentais e, assim, contrapõe essa crença errônea. Os āyatanas remediam a ignorância de tomar a forma ou a matéria como uma unidade. Entre os doze āyatanas, onze fornecem as muitas divisões da matéria, desafiando assim esse tipo de ignorância. Por último, os dhātus remediam a ignorância de tomar tanto a matéria como a mente como sendo uma unidade, porque eles definem as divisões tanto da matéria como da mente do mesmo modo.

Além disso, os skandhas, dhātus e āyatanas são como diferentes dedos apontando para a lua. Os skandhas são um conjunto de dedos, e os dhātus e āyatanas são outros, a fim de apontar novamente para as mesmas coisas, mas a partir de ângulos diferentes. Quando apenas lemos essas listas no Sūtra do Coração, elas parecem repetitivas, porque ele afirma: "nem olho... nem fenômeno", e depois em seguida ele diz "nem o dhātu dos olhos... nem o dhātu da consciência mental". Superficialmente, tudo parece ser igual, mas, uma vez que tenhamos verdadeiramente estudado as categorias dos cinco skandhas, dos doze āyatanas e dos dezoito dhātus com um pouco mais de detalhadamento, teremos um senso muito mais preciso e vasto do que os fenômenos verdadeiramente são e do que consiste a nossa realidade. Entramos mais nos meandros do que experimentamos todos os dias, o que significa que a nossa capacidade de discriminar, de forma precisa, aumenta. Se lermos o sūtra com esse pano de fundo — e o público original do Sūtra do Coração consistia de pessoas que eram muito bem versadas nos detalhes dos skandhas, dhātus e āyatanas —, suas palavras se tornam muito mais poderosas porque elas tocam cada momento da nossa experiência, sugerindo sobre eles: "Não fique preso, não fique preso". Por exemplo, quando o sūtra aborda o skandha da forma, ele não se refere realmente à forma como um grande amontoado de todas as formas, afirmando: "Esse grande monte de formas não existe". Em vez disso, ele se refere a cada momento e a cada detalhe de cada forma que podemos perceber a qualquer momento, indicando que essas aparências momentâneas de formas são coisas efêmeras e fugazes sem nada em seu interior. Se lermos as listas de fenômenos no sūtra dessa forma, ele se torna muito poderoso, porque cada palavra nos traz de volta para o momento presente.

Assim, não estamos apenas falando de um conceito de skandha ou de um conceito geral de forma, mas, quando recitamos o sūtra, podemos tomar seja qual for a percepção que temos no momento como o nosso objeto de meditação, agora mesmo no momento presente. Dessa forma, o sūtra se transforma numa experiência diferente a cada vez que o recitamos, porque suas palavras estão diretamente relacionadas com o momento presente da nossa experiência, seja ela qual for. É por isso que, na verdade, há uma razão para todas aquelas repetições: seu propósito não é apenas cobrir exaustivamente o escopo completo de todos os fenômenos, mas nos ajudar a despertar na hora — é sobre o agora, o momento presente da nossa experiência. Do contrário, seria suficiente dizer: "Todos os fenômenos são vacuidade, ponto final, viva com isso". É claro que isso é verdade e suficiente de um ponto de vista geral, mas, em termos da nossa experiência de muitos diferentes momentos de fenômenos distintos e específicos, é geral demais. Para que a mensagem do Sūtra do Coração chegue até nós, precisamos conectar as suas palavras com o momento presente do que de fato está acontecendo na nossa mente, caso contrário, trata-se, apenas de alguma leitura superficial num nível bem conceitual.

Quando olhamos para os sūtras prajñāpāramitā mais longos, eles entram em detalhes ainda mais minuciosos em cada uma dessas categorias, como os skandhas, o que significa que eles estão constantemente nos trazendo de volta para a nossa experiência presente. A foto instantânea da nossa mente atual é exatamente como uma bolha, e depois vem outra bolha e mais outra bolha. Os sūtras prajñāpāramitā nos relembram constantemente de todas essas bolhas — elas surgem, mas são aparências evanescentes que não existem realmente. Por isso, é importante ver a qualidade de processo dinâmico de toda a atividade de recitar o sūtra, e não apenas tomar as palavras como meras listas de coisas estáticas, as quais marcamos como finalizadas uma depois da outra, como se fossem itens da nossa lista de compras. É muito mais parecido com de fato caminhar por um grande *shopping* com todos os fenômenos, olhando para todas as coisas individuais que anotamos na nossa lista de compras, tirando-as da prateleira da solidificação dualista e soltando-as no nosso cesto de aparência e vacuidade inseparáveis. Tudo isso é um processo em constante mudança.

De acordo com alguns comentários sobre o Sūtra do Coração, as passagens sobre a inexistência dos āyatanas e dhātus representam dois conjuntos de razões para a passagem imediatamente anterior de que os cinco skandhas não existem na vacuidade. Em outras palavras, se, de alguma forma, ainda estivermos presos nos cinco skandhas e pensarmos: "Talvez exista algo nele.", precisaremos ir mais fundo, o que significa dividir os cinco nos doze āyatanas, e, se isso não for suficiente, nós os dividimos nos dezoito dhātus. Se isso ainda não for suficiente, nós os dividimos mais, até chegarmos à nossa experiência imediata. A ideia aqui é ir de um nível conceitual geral para um nível cada vez mais específico. Ao fim dessa linha de investigação, a coisa mais específica que podemos encontrar é a nossa experiência do momento presente. Isso é o mais específico possível, que é o objeto efetivo de meditação, em vez de todas aquelas categorias mais ou menos gerais. Naturalmente, quanto mais familiarizados estivermos com essas categorias e todas as suas subdivisões, mais fácil será chegar ao momento mais específico do agora. Se tivermos apenas uma vaga ideia sobre os cinco skandhas, isso é menos útil, porque ficamos presos no conceito geral. Em resumo, poderíamos traduzir todas as palavras nas listas dos sūtras prajñāpāramitā como: "Olhe para a sua experiência do momento presente, olhe para a sua experiência do momento presente, olhe para a sua experiência do momento presente...", em vez de dizer "nem olho, nem ouvido, nem nariz...", e assim por diante.

Em particular, como descrito anteriormente, os āyatanas internos e externos são entradas ou portas para o surgimento da consciência. De acordo com os comentários, eles também são entradas para o surgimento de características. Porém, uma vez que os āyatanas, de acordo com o Sūtra do Coração, não existem realmente, nenhuma consciência do olho surge do encontro da forma visual e da faculdade sensorial do olho, e assim por diante. Os dezoito dhātus são as sementes ou causas das características, e, uma vez que eles também não existem, não há características como resultados dessas causas.

Até mesmo a originação dependente é vacuidade

O sūtra continua com os doze elos da originação dependente:

> nem ignorância, nem extinção da ignorância até velhice e morte e nem extinção de velhice e morte...

Isso se refere aos doze elos partindo da ignorância até envelhecimento e morte na sua ordem direta e inversa. Até esse ponto, o sūtra vem lidando principalmente com fenômenos samsáricos, como os cinco skandhas. Os doze elos na sua ordem direta também representam os fenômenos samsáricos na medida em que descrevem o processo de como os seres sencientes surgem, permanecem e cessam repetidamente baseados na ignorância fundamental. Porém, a sequência dos doze elos na sua ordem inversa representa a maneira pela qual o círculo vicioso do saṃsāra é interrompido. Comforme já mencionado, passar pelos doze elos desde a morte até a ignorância é a principal meditação dos pratyekabuddhas. Assim, esse trecho sobre os doze elos no sūtra marca um ponto de virada, trocando de fenômenos samsáricos para fenômenos do caminho que libera do saṃsāra e, também, a fruição desse caminho. Em todas as abordagens budistas dos śrāvakas, pratyekabuddhas e no Mahāyāna, a originação dependente é um dos princípios mais fundamentais para descrever tanto o processo de confusão samsárica e de sofrimento como o processo de desenredar a teia de tal confusão. Portanto, os doze elos da originação dependente são uma das marcas registradas dos ensinamentos budistas, porém, os sūtras prajñāpāramitā não apenas destroem os fenômenos samsáricos como os skandhas, mas também os venerados princípios do próprio caminho budista. Por isso, os doze elos da originação dependente também são jogados pela janela, tanto em sua versão samsárica como nirvânica.

O ponto essencial dos doze elos é que todos os fenômenos do saṃsāra (skandhas, dhātus e āyatanas) se originam da ignorância como seu ponto de partida. Da perspectiva da realidade relativa, a confusão surge da ignorância sobre a natureza relativa dos fenômenos, ou seja, não ver como a originação dependente e as causas cármicas e resultados funcionam (as duas primeiras das quatro nobres verdades — sofrimento e sua origem). A confusão sobre a realidade última surge da ignorância sobre as duas últimas nobres verdades (caminho e cessação) ou talidade — a forma como as coisas verdadeiramente são. A ignorância é ensinada como o primeiro dos doze elos porque o ciclo do saṃsāra começa com o obscurecimento da percepção de como as coisas são, tanto no nível da realidade aparente quanto da realidade última; ou a ignorância se refere à suposição de que pessoas e fenômenos realmente existem, bem como à fixação a essa ideia errônea.

O segundo elo é "formação", que surge na dependência do elo anterior da ignorância. Esse elo se refere ao surgimento das principais aflições mentais de apego, aversão e desorientação, que são causadas pela ignorância descrita no primeiro elo, assim como à produção e à acumulação de carmas positivos e negativos acionados por essas aflições. Tudo isso depende dos nossos hábitos, das nossas preferências e das nossas fixações, que estão enraizados na ignorância. Dessa forma, nossas formações cármicas nos propelem para futuros renascimentos no reino do desejo, no reino da forma ou no reino da ausência de forma. Os locais e as qualidades específicas desses nascimentos resultam das ações virtuosas e não virtuosas do nosso corpo, da nossa fala e da nossa mente.

O terceiro elo é o tipo particular de consciência que contém a soma de certas formações cármicas ou marcas que a levam a entrar em um dos seis reinos do saṃsāra, de acordo com essas marcas. Uma vez que essa consciência tenha entrado na sua nova existência, como, por exemplo, a de um ser humano concebido num útero, os cinco skandhas completos se desenvolvem, o que é indicado pelo quarto elo, "nome e forma". "Nome" refere-se aos quatro skandhas mentais, uma vez que eles não têm forma e apenas podem ser nomeados, mas não podem ser mostrados aos sentidos.

Nesse processo de desenvolvimento dos skandhas, também desenvolvemos os nossos seis sentidos (os seis āyatanas internos), que dizem respeito ao quinto elo. Isso leva ao próximo elo do contato com objetos. Esse contato produz sensações, que levam ao desejo — tanto o desejo de apreciar sensações agradáveis quanto o apego a evitar ou se livrar de sensações desagradáveis. O desejo pode aparecer na forma de querer ter alguma coisa ou querer se livrar de alguma coisa, mas, em ambos os casos, é querer. O desejo leva ao apego — se realmente queremos alguma coisa, vamos buscá-la. O apego se transforma em "vir a ser", ou seja, em solidificação. Quanto mais nos apegamos a alguma coisa, mais nós a solidificamos, o que, nesse caso, significa que acabamos nascendo novamente. Esse processo é parecido com ver o computador mais recente e sofisticado, ter sensações agradáveis sobre ele, desejar tê-lo, comprá-lo de fato, e depois navegar na internet com ele. Mas, desse momento em diante, o envelhecimento começa, o que significa que, no momento em que levamos esse computador para casa, ele já está desatualizado. Da mesma forma, nossos cinco skandhas já estão desatualizados no exato momento em que os assumimos, ou seja, o processo de envelhecimento não começa por volta dos 40 ou 50, mas no momento da concepção no útero. O resultado final desse processo é a desintegração dos skandhas, ou seja, a morte. Então, voltamos para a estaca zero, que é a ignorância, e ela reinicia tudo novamente. Isso significa que não há um fim para esses doze elos, eles não são uma sequência linear, mas um círculo vicioso, que é o que a palavra "saṃsāra" significa.

Da perspectiva dos sūtras prajñāpāramitā, os doze elos da originação dependente apenas representam outras características para abandonar, apesar de termos de trabalhar com elas temporariamente no caminho (como o sūtra disse antes, todos os fenômenos são "sem características"). Os doze elos ensinam que o saṃsāra é como um castelo de cartas, uma casa assim construída sobre a ignorância. A fundação, ou a linha inferior de cartas dessa casa, é a ignorância, e o restante da nossa casa samsárica é construído sobre essa ignorância. Uma vez que puxamos as cartas inferiores, a casa toda colapsa, que é a ideia básica de usar os doze elos como um meio para a liberação. Assim que vemos que essa ignorância não existe de fato, todos os outros elos simplesmente colapsam naturalmente. Dessa forma, a ordem direta dos doze elos representa a característica de sustentação do saṃsāra, enquanto a sua ordem inversa representa a característica de purificação.

O fim das quatro nobres verdades

Em seguida, o sūtra avança sobre as quatro nobres verdades:

> Nem sofrimento, nem origem, nem cessação, nem caminho...

O ataque do Sūtra do Coração aos pilares do budismo continua — as quatro nobres verdades também não existem realmente. É claro que podemos imaginar que afirmações como essa sejam chocantes para muitos budistas. Os sūtras prajñāpāramitā basicamente dizem: "Não há sofrimento, não há causas do sofrimento, não há cessação do sofrimento e também não há caminho que leve à cessação do sofrimento. Ainda assim, dê o seu melhor. Você não tem chance nenhuma, mas use-a". Essa é a lógica do bodhisattva, por assim dizer. Enquanto não olharmos realmente para o que todas essas coisas como as quatro nobres verdades realmente são, elas parecem existir e funcionar; no entanto, ao olharmos mais profundamente, não conseguimos de fato encontrar nenhuma delas.

Ao mesmo tempo, enquanto olhamos para tudo isso, é importante não ficarmos presos apenas no lado do objeto, ou seja, ficarmos excessivamente envolvidos objetificando todos esses fenômenos enquanto esquecemos da nossa mente, que é quem objetifica e, também, quem pode abandonar essa objetificação. Todos os fenômenos se tornam causas de sofrimento ou causas de liberação apenas na dependência de como as nossas mentes lidam com eles. Esse é o ponto principal – o Sūtra do Coração não trata fundamentalmente de todos os fenômenos (sejam eles os skandhas ou as quatro nobres verdades) como objetos, mas está sempre apontando de volta para a nossa mente como o sujeito e para o modo como a nossa mente lida com todos esses objetos. Como lidamos com nossos olhos, ouvidos, nariz, língua e corpo? Como lidamos com as nossas percepções sensoriais? Como lidamos com o nosso sofrimento? Como lidamos com as causas do nosso sofrimento? Como lidamos com o nosso caminho? Enquanto houver qualquer solidificação do caminho e dos seus métodos, o caminho não nos libertará. Ele até pode fazer algum bem, mas será limitado e condicionado, e não o objetivo final de liberação e onisciência.

Os sūtras prajñāpāramitā relembram os bodhisattvas disso o tempo todo, afirmando: "Isso é o que você precisa alcançar ao não se fixar nisso. Mas agora que você alcançou essa grande conquista, siga adiante. Não fique preso nisso, não se agarre a isso". No caminho do bodhisattva, há muitos estágios em que de fato se realiza algo, como ver diretamente a natureza dos fenômenos no primeiro bhūmi, porém, ainda há algum perigo de transformar essa realização numa viagem. Claro, essas viagens de bodhisattva não são tão absurdas quanto as nossas viagens, mas elas ainda podem ter algumas tendências de arrogância ou sensações de possuir alguma coisa que os outros não têm. É por isso que esses sūtras constantemente nos alertam: "Não se orgulhe de nada, nem mesmo da sua falta de orgulho". Dessa forma, a vacuidade e a prajñā que a realiza são a proteção do caminho do bodhisattva, sendo a espada que perfura o balão do ego inflado.

Do ponto de vista Mahāyāna, as quatro nobres verdades não são nada além de outras características. A verdade do sofrimento é a característica de estar aflito. A origem do sofrimento é a característica de apropriação, o que significa que nos apropriamos dos cinco skandhas como aquilo que é aflito por meio de suas causas. A verdade da origem do sofrimento consiste no karma e nas aflições, que atraem ou se apropriam de novos skandhas, e assim o fazem não apenas de uma vida para a próxima, mas também a cada momento. Nós, literalmente, recriamos a nossa existência a cada momento. A nossa vida e as nossas experiências não apenas dependem do que fizemos na nossa vida passada ou cinco dias atrás, mas também do que aconteceu no momento imediatamente anterior. Isso também é adentrar a combinação de causas e condições que formam a nova combinação de skandhas do próximo momento. A verdade da cessação tem a característica da paz, ou seja, a ausência de aflição. O caminho tem a característica de prajñā, ou seja, visão ou realização.

Como entendemos essas quatro nobres verdades do ponto de vista Mahāyāna? A verdade do sofrimento aqui significa entender como os skandhas são vazios de sofrimento, que é o exato oposto do ensinamento original, que afirma que os skandhas são sofrimento. No budismo, o sofrimento geralmente consiste dos cinco skandhas, mas, no Mahāyāna, a primeira nobre verdade significa ver como os skandhas são vazios de sofrimento por serem vazios de natureza, como o Sūtra do Coração afirma no início quando Avalokiteśvara viu os cinco skandhas como vazios de natureza. Uma vez que são vazios de natureza, eles são naturalmente vazios de sofrimento, ou de qualquer outra coisa nesse sentido, inclusive de si mesmos. Então, quando nos perguntamos o que é verdade em termos das quatro nobres verdades, do ponto de vista Mahāyāna, dizer que os cinco skandhas são sofrimento é apenas uma verdade relativa, mas não a verdade última sobre os skandhas. Quando olhamos para a natureza verdadeira dos cinco skandhas, vemos que eles, na verdade, não são nem sofrimento nem qualquer outra coisa.

Quanto à origem do sofrimento, de um ponto de vista Mahāyāna, significa não se agarrar às causas do sofrimento e não projetá-las. Em geral, se diz que a origem do sofrimento consiste de karma e aflições, que são entendidos como realmente existentes, mas aqui soltamos a noção de ações e aflições como sendo as causas do sofrimento. Não sobrepomos neles a noção de que de fato têm a natureza de serem as causas do sofrimento. Normalmente, no Mahāyāna, as causas primárias do sofrimento são apego e visões errôneas — estar confuso e depois se apegar àquilo sobre o que estamos confusos, com esses dois reforçando-se de maneira constante. De fato, é muito mais fácil estar apegado àquilo sobre o que se está confuso do que àquilo que se vê claramente.

Quanto à verdade da cessação, em geral a noção de paz significa que havia um sofrimento prévio e que depois colocou-se um fim a ele, porém a natureza da cessação aqui no Mahāyāna significa entender que os skandhas nunca surgem, nunca permanecem no presente e não cessam um tempo depois. Em outras palavras, cessação significa que, de modo último, nada jamais acontece.

Por fim, do ponto de vista Mahāyāna, a verdade do caminho significa repousar em equilíbrio meditativo na sabedoria não dual e realizar as quatro nobres verdades como sendo vacuidade, o que inclui a vacuidade dessa própria sabedoria não dual. Assim como com qualquer outro fenômeno, o caminho não é entendido como algo substancial ou alguma entidade real, mas como vazio. Ainda assim, os sūtras afirmam que precisamos percorrê-lo. No entanto, aqui toda a ideia de percorrer, significa que não há ninguém para percorrer, não há nenhum caminho, nenhum veículo e também nenhum objetivo.

Também não há nenhuma esperança na prajñāpāramitā

No entanto, se pensarmos que podemos pelo menos confiar na prajñā que realiza tudo isso, o Sūtra do Coração também não mostra piedade com essa ideia, enunciando:

Nem sabedoria, nem realização, nem não realização.

Até o próprio coração do Sūtra do Coração — prajñāpāramitā, que é a sabedoria não conceitual e não dual — não existe realmente. Não há prajñā e, assim, não há prajñāpāramitā, que é a culminância suprema de prajñā. Falando convencionalmente, sabedoria é a fruição ou a realização, mas, falando estritamente, é apenas um nome para a ausência de ignorância. Então, se enxergarmos que não há uma ignorância realmente existente e não haverá ausência de ignorância ou realização também. Em particular, "sabedoria" aqui se refere à sabedoria não dual de ter abandonado todos os obscurecimentos aflitivos e cognitivos, que significa conhecer todos os fenômenos sem estarmos apegados a eles ou ficarmos obstruídos por qualquer um deles. Por isso, sabedoria significa a onisciência de um buddha, cuja percepção de todos os fenômenos é completamente desimpedida, mas não tem nenhum senso de propriedade ou fixação ao que percebe, porém, mesmo essa sabedoria não escapa da vacuidade.

É desnecessário dizer que, sem um caminho e uma fruição (sabedoria não conceitual ou estado búdico), não pode haver qualquer realização de coisa alguma. Aqui "realização" se refere à iluminação insuperável do estado búdico, com todas as suas qualidades (como os dez poderes e os quatro destemores), porém, no nível último, essa iluminação não pode ser atingida, porque a sabedoria búdica não pode ser identificada como sabedoria búdica. Mas, se finalmente desistirmos e nos estabelecermos no fato de que não há nada para ser atingido de modo algum, também não é isso, porque também "não há não realização".

"Não realização" pode ser entendida como significando que a iluminação de um buddha ainda não foi atingida pelos seres sencientes. Ou, em geral, quando falamos de realização, queremos dizer que há algo que não estava lá antes e que foi alcançado ou recentemente adquirido. Desse modo, "não realização" também pode significar que não há essa coisa recentemente atingida que não existia antes. Se o estado búdico fosse assim, seria algo condicionado. Se não existisse antes e passasse a existir depois, ele seria impermanente e, assim, pereceria mais cedo ou mais tarde. "Não realização" também pode significar que, uma vez que a natureza búdica está igualmente em todos os seres sencientes, não há realização, porque qualquer coisa que pudesse ser realizada em termos do estado búdico já está presente na nossa mente. A natureza búdica não está ausente no início e depois é alcançada no fim.

Porém, por outro lado, isso também não significa que não exista realização alguma, porque da perspectiva do caminho parece que algo é realizado. Isso significa que, quando a natureza da mente se torna manifesta e realizada tal como é, do ponto de vista da confusão, parece haver uma mudança em termos de primeiro não ter visto essa natureza e depois vê-la. Mas, se perguntarmos para a natureza da nossa mente: "Você viu alguma mudança?" — a resposta é não. Por isso, depende de para quem perguntamos — se perguntarmos para a ignorância, há sofrimento, há aflição, há um caminho e há fruição, mas, se perguntarmos para a nossa natureza búdica, nada disso realmente existe. Desse modo, no budismo, não se trata apenas de fazer as perguntas certas, mas também de para quem perguntamos. Mesmo que façamos a pergunta certa, mas se perguntarmos para a nossa mente ignorante, não será satisfatório. A resposta final só pode vir da nossa mente de sabedoria.

Do ponto de vista da natureza búdica, quando falamos sobre os cinco caminhos e os dez bhūmis, não há nenhum aumento real em qualidades nem qualquer diminuição nas falhas. Os caminhos e bhūmis são simplesmente um processo gradual para desvendar a natureza da mente por meio da purificação progressiva ou do desaparecimento das tendências latentes de ignorância — a consciência-ālaya. Esse processo culmina na manifestação do dharmadhātu puro como a sabedoria do espelho. Do ponto de vista da ignorância, parece haver alguma mudança ou algum progresso. Por exemplo, quando o sol está coberto pelas nuvens e depois elas gradualmente desaparecem, podemos ver o sol cada vez mais. Assim, se perguntarmos aos seres embaixo das nuvens, eles dirão que há uma mudança em termos de o sol estar ou não estar lá. Mas, se perguntarmos para o sol, não há essa mudança de modo algum. Da mesma forma, da perspectiva da natureza da mente ou do dharmadhātu, não há mudança alguma em termos do crescimento dessa natureza. Do ponto de vista do dharmadhātu, não há nem realização nem não realização. De qualquer forma, não importa como entendemos "não realização" aqui, isso é vazio também.

Esse último ponto é interessante porque, até agora, estivemos no modo de sempre dizer "não, não, não", e de repente o sūtra diz que também não há não realização. Podemos ver a nossa mente realmente entrando no modo de simplesmente dizer "não" para qualquer coisa, o que tende para o extremo do niilismo ou simplesmente para a negação de tudo. Mas, então, essa mesma negação é negada também. Claro, isso não significa que voltamos para o ponto em que começamos retirando todos os "nãos" que foram ditos. Não estamos retornando, mas não estamos indo adiante também. É por isso que "não realização" também pode ser entendido como nenhum treinamento para se atingir qualquer coisa. Não alcançamos alguma realização adicional além de "não realização" que seja "nem não realização", pensando que essa é a verdadeira realização. Isso significa observar a mente indo cada vez mais para um extremo, puxando todos os tapetes sob os nossos pés (assim como os nossos próprios pés) até que tenhamos mergulhado no extremo da negação. E quando tivermos nos estabelecido nesse estado de mente de ter negado tudo e pensarmos: "Ok, agora eu entendi", o sūtra puxa esse último "não tapete" também. O que acontece, então, é que nós soltamos, porque esse era o último tapete, por assim dizer. Apenas caímos na ausência de base.

Nesse momento, não há nem mesmo algum abismo no qual saltamos, nenhum entorno para olhar enquanto caímos, nem lugar algum onde possamos aterrissar. Não nos resta nada além da nossa experiência da queda. Como a nossa mente se sente quando não há mais tapetes onde ficar em pé e nada sobre o que cair? Essa queda na ausência de base é um tipo de queda estranha, porque não caímos verdadeiramente em lugar nenhum e não há ninguém que esteja caindo. É cair sem se movimentar — caímos ficando no mesmo lugar, que é o momento presente da nossa experiência. Ou seja, nossa mente fica parada onde está, simplesmente como é, e experiencia isso plenamente. Mas não há nenhuma menção ou descrição adicional, o que frustraria o propósito do Sūtra do Coração. Uma vez que estamos nesse ponto de todos os tapetes terem desaparecido, mesmo os voadores e mesmo os não tapetes, o que podemos dizer? Qualquer coisa que dissermos seria apenas outro tapete que proporcionaria algum falso senso de segurança, mas a ideia dos sūtras

prajñāpāramitā não é proporcionar qualquer tipo de segurança.
Padma Karpo disse aqui que, quando a existência é negada, isso não significa que a vacuidade é inexistência. Se a vacuidade fosse apenas a negação da existência, não seria nada além de uma negação não implicativa, mas isso não é adequado, porque qualquer negação ainda é apenas um objeto conceitual e não o que é experienciado pela sabedoria não conceitual como a natureza genuína dos fenômenos.

PERGUNTA: Isso remete ao caminho do bodhisattva e como podemos aplicar esses ensinamentos na vida diária. Estou pensando numa situação específica de ter dificuldades com alguém, e a estagnação e a solidez da experiência estão muito claras para mim no sentido de a outra pessoa ter ideias muito fixas sobre as dinâmicas dessa situação. Não tenho os meios hábeis ou a sabedoria para saber o que fazer, além de apenas tentar ficar aberto, olhando para a minha experiência a cada momento, e confiando que tenho os recursos para pelo menos tentar ser mais aberto e útil. Mas também há esse padrão habitual de querer consertá-la, fazer a coisa certa e ajudar alguém.

KB: Além das coisas a fazer que você mencionou, o que também temos de observar é que pensar que outra pessoa tem uma visão rígida já é por si só uma visão rígida. Estar aberto também significa olhar mais de perto a nossa própria visão da visão dessa outra pessoa, se realmente é tão rígida assim ou onde esbarramos nela. Precisamos ver onde e como a visão delas é rígida para nós pessoalmente, porque pode não ser rígida para outra pessoa. Uma terceira pessoa pode pensar: "Sim, é exatamente assim". Por isso, trata-se de uma "zona de colisão" que é interessante de investigar porque qualquer visão rígida só pode ser rígida em comparação a alguma outra coisa, que é a nossa própria visão ou a nossa própria mente. Por isso, a área interessante de prática é aquela onde essas duas visões se encontram e se atritam. A abertura completa e verdadeira significa que não há nada contra o que se atritar, mesmo diante da visão mais rígida e agressiva, porque não há resistência a ela e nada em que ela possa esbarrar. É mais como um míssil voando através do vácuo — não há um alvo para acertar em lugar algum. Portanto, ter algum senso de abertura para a visão rígida de outra pessoa faz parte de estar aberto. Quanto mais espaço interno temos, menos atrito há.

O vajra transparente do destemor

O sūtra continua:

> Portanto, Śāriputra, uma vez que os bodhisattvas
> não têm realização,
> eles repousam na confiança na prajñāpāramitā.

A maioria dos comentários afirma que esse trecho significa o último momento do décimo bhūmi, que é chamado de "samādhi vajra". Esse é o último momento antes da iluminação. Nesse estágio, todos os pontos de referência nas mentes dos bodisattvas estão completamente pacificados, e eles não podem realmente tentar apreender, realizar ou alcançar coisa alguma. Esse samādhi é sobre estar livre de todos os pontos de referência, e não sobre tentar se *tornar* livre de todos os pontos de referência. O samādhi vajra é tão sutil que qualquer coisa que tentássemos fazer nele nos impediria de nos tornarmos buddhas. Não importa qual técnica de meditação ou remédio que pudéssemos aplicar nesse ponto, eles apenas se tornariam um obstáculo e um obscurecimento adicional. Isso significa que, nesse ponto, soltamos completamente os últimos resquícios do que precisa ser abandonado e seus remédios. Apesar do seu nome, o samādhi vajra não é realmente um esforço ativo de cortar por meio do último fio da corda que nos prende, mas diz respeito a estabelecer-se na natureza da mente tal como ela é, sem quaisquer expectativas ou medos. Normalmente, quando falamos sobre um vajra, ele representa algo muito duro e indestrutível, mas há dois tipos de indestrutibilidade. "Vajra" pode referir-se à substância mais dura possível, que não pode ser destruída por nada, mas é a arma mais poderosa que destrói qualquer outra coisa. Porém, o samādhi vajra é indestrutível, pois não há absolutamente nada nele que proporcione qualquer chance de ser atacado ou destruído. É a realização final de que tanto os fatores a serem abandonados como seus remédios são igualmente não existentes. Essa é a suprema realização e podemos esquecer todos os antídotos, manipulações, purificações, melhorias ou qualquer outra coisa a ser feita. É devido à sua total transparência e ausência de obstrução que esse samādhi é indestrutível, tal como o espaço. O espaço não é de forma alguma duro e sólido, mas, ainda assim, é indestrutível, por não haver nada nele que possa ser atacado.

Esse samādhi também é o ponto final da verdadeira inseparatividade de visão, meditação e fruição. A visão é a visão da vacuidade livre de quaisquer pontos de referência. Meditação significa não só entender essa vacuidade ou realizar a metade ou três quartos dela, mas finalmente ser por completo essa vacuidade. Em outras palavras, na experiência de cada um não há diferença entre a liberdade dos pontos de referência e a realização da liberdade dos pontos de referência. Não é apenas um conceito ou um fato, mas isso é o que a nossa mente é naquele momento. É por isso que é indestrutível. Nos termos do Mahāmudrā, o samādhi vajra significa repousar na mente comum. Mais precisamente, não é só repousar nela, o que ainda é de alguma forma dualista, mas ele se refere à mente ser uma mente comum, a mente ser ela mesma, a mente estar em casa e livre no seu próprio espaço. A palavra tibetana para "meditação" significa familiarizar-se, ou seja, familiarizar-se com a visão. Assim, o ponto último da familiarização é tornar-se ou corporificar aquilo com o que nos familiarizamos. Não há diferença alguma entre aquilo com o que nos familiarizamos e aquele que se familiariza. Por isso, visão e meditação são, por fim, completamente indiferenciáveis.

Em seguida, o sūtra diz:

> Uma vez que suas mentes estão sem obscurecimentos, eles não têm medo.

No equilíbrio meditativo dos bodhisattvas nos bhūmis, não há mais nenhum obscurecimento, e eles são como um buddha na sua realização. Porém, quando emergem da sua sessão de meditação formal, não são como um buddha, por não conseguirem sustentar completamente a sua realização em todas as situações fora da meditação. Portanto, os dez bhūmis consistem no treinamento de trazer a realização do equilíbrio meditativo para qualquer situação que se possa encontrar. Durante os períodos entre as sessões de meditação desses bodhisattvas, todo tipo de aparências dualistas ainda aparece. Porém, a diferença entre eles e nós não é simplesmente que essas aparências surgem como ilusões, mas que os bodhisattvas instantaneamente as realizam como sendo ilusões — eles não são mais fisgados por elas. Por isso, bodhisattvas ilusórios se engajam numa conduta ilusória para seres ilusórios com objetos ilusórios, que é a razão pela qual o estado de mente desses bodhisattvas fora do equilíbrio meditativo de realizar diretamente a vacuidade é chamado "samādhi que é como uma ilusão". Dessa forma, para os bodhisattvas, não há nem sequer o que chamamos de "pós-meditação" (que soa como uma pausa), porque a "pós-meditação deles" é simplesmente outro tipo de samādhi, a partir do qual eles realizam todo o tipo de conduta altruísta. Isso é o samādhi em ação, durante o qual os bodhisattvas integram sua realização com qualquer coisa que façam. Nós sempre tentamos fazer isso e, na maioria das vezes, falhamos, mas bodhisattvas o fazem constantemente.

Os únicos obscurecimentos durante os momentos em que os bodhisattvas não estão em meditação formal são um leve senso de características e um leve senso de dualidade, mas não há mais fixação à existência real nos bhūmis. Quanto à fixação a características, por exemplo, quando temos um sonho e despertamos, podemos falar sobre as aparências do sonho e rotulá-las, tal como alguém no sonho com cabelo castanho e olhos azuis. Atribuímos tais características, mas sabemos perfeitamente bem que aquilo a que nós as atribuímos não existe realmente. Ainda assim, há algum grau de reificação das aparências por meio da atribuição de características a elas. Da mesma forma, durante os primeiros sete bhūmis, os bodhisattvas sabem claramente e em todos os momentos que qualquer coisa que apareça não existe de fato, mas ainda rotulam as aparências ilusórias. Até o momento final do décimo bhūmi, também há um leve senso de dualidade, a experiência de uma diferença entre sujeito e objeto. Para a percepção sensorial dos bodhisattvas, por exemplo, os objetos ainda aparecem como se estivessem fora, embora eles estejam completamente conscientes de que os objetos não estão fora. Isso é muito diferente da nossa percepção, porque não apenas pensamos que os objetos existem fora, mas também que eles são reais e que o percebedor é real. Por fim, no estado de buddha, não há mais quaisquer desses obscurecimentos durante a "pós-meditação", o que significa que não há mais diferença entre "meditação" e "pós-meditação". Em outras palavras, essa é a união completa de meditação e conduta.

Talvez, nesses tempos modernos, a mensagem mais essencial do Sūtra do Coração é dizer que os "bodhisattvas não têm medo". Com as pessoas se sentindo separadas do mundo e das outras pessoas, o medo de tudo parece ser o principal problema no mundo hoje em dia. É claro que há o medo de coisas ruins, mas também há o medo de coisas boas (como medo do amor), e até mesmo o medo do medo. Para algumas pessoas, não há literalmente nada que não seja fonte de medo. Então, por que não há medo nos bodhisattvas e nos buddhas? Isso corresponde à afirmação nos ensinamentos *lojong* ("treinamento da mente"), de que "a suprema proteção é a vacuidade". Quanto mais muros tentamos levantar ou quanto mais técnicas de defesa tentamos aplicar, mais nossos medos aumentam, como podemos testemunhar de forma tão dramática em muitos lugares do mundo. Por mais elevados que sejam os muros e cercas que mantêm as pessoas do lado de fora, apenas ficamos mais paranoicos.

Já falamos do exemplo do gelo e da água. No caminho, quando começamos com um grande pedaço de gelo de existência samsárica ou com os nossos cinco skandhas, ele é frio, duro, afiado e pontiagudo, e podemos facilmente nos cortar. Diferentemente da água, ele não é suave, fluido e flexível. Nosso trabalho no caminho é derreter esse pedaço de gelo do saṃsāra, e, quanto mais gelo derretermos, mais água teremos. Essa água, além de ter a qualidade de ser o resultado do gelo derretido, também tem a qualidade de acelerar o processo de derretimento do gelo. Se temos um pedaço grande de gelo e simplesmente o deixamos parado na pia, leva um tempo longo, mas se taparmos o ralo da pia, então o derretimento do gelo envolve o gelo e ele derrete mais rápido. Do mesmo modo, a água derretida é um catalisador para derreter o gelo. Da mesma forma, o progresso no caminho e a dissolução das aflições e obscurecimentos são, de certa forma, lentos no começo. As nossas visões rígidas e os nossos padrões habituais são suavizados primeiro, assim como o gelo derrete antes de se tornar de fato água, e eles derretem na água da vacuidade e da compaixão. Quanto mais tivermos dessa água, mais rapidamente e os nossos obscurecimentos remanescentes derreterão.

Agora que vemos a ausência de existência real tanto dos fatores a serem abandonados como dos seus antídotos, há um senso crescente de destemor. Quando percebemos que de fato não há nada que possa ser ferido e nada que possa nos ferir, não há base para o medo. Isso é chamado de "o samādhi do passo de um herói", que é um outro samādhi descrito nos sūtras. Num sentido geral, significa que bodhisattvas avançam destemidamente pelos bhūmis. Eles não apenas percebem tudo como ilusório, seja bom ou ruim, benéfico ou prejudicial, mas há um senso crescente de autoconfiança. Essa não é uma autoconfiança no sentido usual de ser um herói, como ter músculos enormes, poder de fogo avassalador, coletes à prova de balas, e assim por diante, mas é a confiança em nossa própria transparência e na transparência de qualquer situação na qual nos encontremos. Isso significa uma confiança crescente na nossa capacidade de lidar com qualquer pessoa e qualquer situação da forma mais benéfica possível. Quanto mais transparentes nós nos tornamos, bem como qualquer situação ao nosso redor, menos planos fixos serão necessários para os piores cenários, e mais a nossa criatividade natural para solucionar problemas aumenta, porque somos mais capazes de ver o que de fato está acontecendo e agir de acordo.

Normalmente, pensamos que temos de ter mil planos diferentes para mil cenários diferentes para defender todas as posições, mas e o cenário mil e um? Então, surtamos e não sabemos o que fazer porque não temos um plano pronto. Sentimos que temos de retornar para a nossa usina de ideias e descobrir outro plano antes de podermos lidar com aquela pessoa ou situação inesperada. Essa abordagem é obviamente limitada, condicional e dualista. A ideia de destemor aqui é jogar fora todos os nossos planos e estratégias, não importa o quanto eles pareçam bons, para confiar apenas em estar confortável dentro da ausência fundamental de base da nossa existência e, então, agir a partir dessa espacialidade. Dentro desse espaço, há abertura suficiente para a coisa certa acontecer. Especialmente na tradição tibetana, não ter um plano é uma boa ideia. Não importa o plano que tenhamos, não vai funcionar de qualquer maneira, o que parece ser o grande plano geral.

Comumente, podemos dizer que o medo surge da fixação aos opostos dos "quatro selos" budistas (ou seja, a fixação "às quatro visões errôneas"). Os quatro selos afirmam:

> Tudo que é condicionado é impermanente.
> Tudo que é contaminado é sofrimento.
> Todos os fenômenos são vazios e desprovidos de uma essência pessoal.
> Somente o nirvāṇa é paz.

Normalmente, nós nos apegamos à permanência dos fenômenos condicionados, consideramos fenômenos condicionados (aqueles produzidos pelas aflições e pelo karma) como felicidade, tomamos fenômenos como realmente existentes e como providos de uma natureza própria, e procuramos paz no saṃsāra. Tudo isso causa medo, que é apenas outra palavra para a experiência fundamental de sofrimento — medo de não conseguir ou de perder o que queremos e medo de obter o que não queremos. Nesse sentido, o medo significa não ter controle sobre o que acontecerá em seguida. De fato, mesmo com todos os nossos planos e medidas de segurança, nunca sabemos o que vai acontecer no próximo momento.

De modo semelhante, em termos das "quatro visões equivocadas", seres comuns se fixam aos seus corpos como puros, pelo menos mais ou menos. Normalmente não meditamos sobre os nossos corpos como sendo constituídos de todos os tipos de substâncias completamente imundas, como se faz na meditação sobre a repulsa ao corpo. Também nos fixamos às nossas sensações como se fossem felicidade. Não importa quais sensações tenhamos, mesmo nas negativas ou dolorosas, há algum senso do sabor da nossa existência. Mesmo que nos sintamos mal, pelo menos nos sentimos vivos de alguma forma, em vez de não termos nenhuma sensação. Em seguida, nós nos fixamos à nossa mente como a nossa essência pessoal de alguma forma. Por fim, nós nos fixamos a todos os fenômenos como permanentes, não necessariamente para sempre, mas pensamos que as coisas duram, por um certo período, sem mudar. Certamente não pensamos nos fenômenos como impermanentes no sentido de literalmente mudarem momento a momento.

Nos eventos atuais, podemos facilmente ver como o medo é produzido e aumentado por meio da solidificação de certas pessoas, situações, países ou grupos religiosos ou étnicos. É como solidificar o nosso próprio sonho, como desesperadamente tentar não despertar e, com frequência, ainda piorar o sonho, como deliberadamente ter pesadelos o tempo todo. Em resumo, quanto mais solidificarmos pessoas e coisas, mais reais elas parecem e mais assustadoras podem se tornar. Realizar que as coisas não são tão sólidas quanto parecem ser algo que reduz radicalmente o nosso medo, mesmo se apenas ganharmos uma perspectiva um pouquinho diferente. Isso não significa necessariamente realizar a vacuidade, mas apenas ter um pouco mais de espaço nas nossas mentes e relaxar. Podemos dizer que a falta de espaço mental significa um aumento do medo, enquanto o aumento no espaço mental é igual à diminuição do medo. Chama-se realização da vacuidade quando, por fim, virmos diretamente a natureza ilusória de todos os nossos pensamentos manipuladores e ações relacionadas a fenômenos solidificados no saṃsāra.

Alcançando a ausência de referenciais

O sūtra continua:

> Tendo transcendido completamente a delusão, eles alcançam o nirvāṇa completo.

Uma interpretação para os bodhisattvas terem ido completamente além de qualquer delusão é que o dharmakāya — a fruição do estado búdico — é livre de quaisquer falhas ou erros. Também delusão se refere a investir na existência real e ver os fenômenos como reais. Em outras palavras, significa ver a realidade genuína de uma maneira equivocada, assim como confundir uma mangueira de jardim com uma cobra. Ou pode significar que bodhisattvas (do caminho da visão em diante) e buddhas despertaram do sono da ignorância. "Alcançar o nirvāṇa completo" pode ser entendido como uma referência aos dois kāyas da forma como o fluxo externalizante natural do dharmakāya (indicado por "tendo transcendido a delusão completamente"), que representa os aspectos do estado búdico — o dharmakāya invisível e intangível — que são visíveis e tangíveis para outros seres. A forma como os buddhas se manifestam para outros seres e os instruem e beneficiam é por meio dos kāyas da forma. "Nirvāṇa completo" também se refere ao nirvāṇa não fabricado do Mahāyāna. Por meio de sua prajñā, os buddhas não permanecem no saṃsāra, mas, por sua grande compaixão, eles também não permanecem no nirvāṇa no sentido de ficarem na sua cobertura privada com todas as comodidades e uma boa vista para o saṃsāra, sem mais nenhum envolvimento com ele.

Além disso, "nirvāṇa completo" significa que os buddhas não só despertaram do seu sono de ignorância, mas que também estenderam as suas mentes na direção de todos os fenômenos, sendo, portanto, oniscientes. Dois dos principais significados da palavra "buddha" são "despertar", que é a razão pela qual o Buddha é com frequência chamado de "o desperto", e "desabrochar", assim como um botão de uma flor de lótus desabrocha. Também podemos entender isso como a nossa mente tendo se contraído no saṃsāra como um punho fechado, e o nirvāṇa significando soltar e abrir esse punho. A natureza da mente, mesmo com o punho fechado da mente confusa, dualista e paranoica, é sempre simplesmente como ela é, mas o nirvāṇa significa que a natureza da mente finalmente tem espaço para desabrochar por completo e ser ela mesma em toda a sua abertura e vivacidade. Também podemos dizer que o nirvāṇa completo no fim do caminho do bodhisattva significa simplesmente retornar ao nirvāṇa natural, que não é nada mais do que a vacuidade natural ou a natureza de todos os fenômenos. A realização final é uma experiência em que a vacuidade apenas é, e não algo que seja realizado por alguém (como um buddha) ou alguma coisa (tal como a sabedoria não conceitual).

Em seguida, o sūtra afirma:

> Todos os buddhas dos três tempos despertam completamente para a iluminação totalmente perfeita e insuperável ao confiarem na prajñāpāramitā.

Depois de o sūtra ter deixado claro que, em última análise, não há nem realização nem não realização, ele diz aqui que, do ponto de vista relativo ou aparente, os bodhisattvas atingem o nirvāṇa completo e despertam para a iluminação insuperável. Falando relativamente, há a realização do nirvāṇa e do estado búdico desde que não o reifiquemos e nos fixemos a ele. Em outras palavras, enquanto quisermos atingir algo ou buscar por alguma coisa, não há nenhuma realização real. Ao soltarmos o desejo, o esforço e a orientação para um objetivo e apenas nos engajarmos na atividade de um bodhisattva para o bem-estar dos outros sem qualquer preocupação autocentrada, a iluminação ou o estado búdico ocorrerá de maneira natural. Em outras palavras, o estado búdico nada mais é do que um subproduto do caminho do bodhisattva, uma vez que o objetivo principal e a função desse caminho é ajudar todos os seres sencientes a conquistarem liberdade diante do sofrimento, e não *atingir* o estado búdico para o próprio benefício. Portanto, não podemos realmente atingir o estado búdico, mas podemos deixá-lo acontecer. O meio para dissipar todos os obscurecimentos que impedem que o estado búdico ocorra é a prajñāpāramitā, e é por isso que se diz que ela é a mãe de todos os buddhas. Se nos familiarizarmos com a vacuidade por meio da prajñāpāramitā, o resultado é o despertar do nosso sono de ignorância. Portanto, o sūtra diz que todos os buddhas dos três tempos despertam completamente para a iluminação por meio da prajñāpāramitā.

Como mencionado antes, a prajñāpāramitā é tanto o meio como o resultado, uma vez que o estado búdico é a perfeição última de prajñā (prajñāpāramitā), que é a sabedoria não conceitual e não dual de um buddha. Dessa forma, prajñā funciona exatamente da mesma maneira que a água no exemplo do gelo derretendo e se transformando em água. Como mencionado antes, o resultado do gelo derretido é água, mas essa água está ativamente envolvida no processo de seguir derretendo o restante do gelo. Do mesmo modo, a prajñāpāramitā ou a nossa natureza búdica, a natureza da nossa mente, não é algum tipo de coisa inerte, neutra e inativa ou como uma tímida beleza adormecida que está esperando ser descoberta por nós. Ela nos chama para o despertar o tempo todo, mas, em geral, nós apenas a ignoramos. Se deixarmos as chamadas para o despertar da nossa natureza búdica chegarem até nós e não apertarmos o botão soneca repetidamente, no fim, vamos despertar por completo e aproveitar o nosso passeio pela brilhante luz do dia da sabedoria não dual dentro do vasto céu da espacialidade da mente.

Para resumir tudo isso em termos de visão, meditação, conduta e fruição, a visão é de que não há surgimento ou cessação ao nos libertarmos pela não observação de qualquer fenômeno aflito ou purificado. Meditação significa repousar apenas nisso, que é a vacuidade inconcebível. Quando falamos sobre a visão aqui, não se trata realmente de um objeto da mente conceitual, porém é assim que começamos. A visão real se refere à primeira experiência genuína da vacuidade ou da natureza da mente. Então, nós realmente sabemos do que estamos falando, mas, antes disso, a vacuidade é apenas um conceito mais ou menos vago. A visão significa ver de fato o que os sūtras prajñāpāramitā estão apontando, porque só então poderemos realmente nos familiarizar com ele. Se não tivermos nenhuma experiência clara e direta do que ele é, só estaremos nos familiarizando com alguma ideia mais ou menos vaga. É a isso que se referem as instruções diretas nas tradições Dzogchen e Mahāmudrā. A visão no Dzogchen e no Mahāmudrā não é algo que estabelecemos pela análise conceitual, mas ela precisa ser experienciada diretamente. A "mente comum" no Mahāmudrā ou "consciência lúcida" (*rigpa*) no Dzogchen, refere-se à experiência da natureza da mente. Desse modo, meditação significa familiarizar-se com essa experiência e sustentá-la, tornando-a contínua. Quando experienciamos a natureza da mente, temos um intervalo na nossa experiência de mente dualista deludida. Esse é o tipo "bom" de intervalo, e então treinamos para tornar essa experiência de intervalo uma continuidade, sem qualquer intervalo "ruim" de não estar em *rigpa*, que é a ignorância (*marigpa*, em tibetano).

Então, conduta significa simplesmente não estar separado daquela experiência de *rigpa* em tudo o que fizermos. Isso não acrescenta realmente nada à visão e à meditação; o ponto é simplesmente manter a visão e a meditação em todas as ações físicas e verbais nas quais nos engajamos. Em termos mais técnicos, conduta significa repetidamente rever o significado da essência dos ensinamentos do Buddha e, assim, nunca estar separado da vacuidade. Com frequência, as pessoas se perguntam como aplicar o Dharma nas suas vidas cotidianas. Muitas pessoas ouvem muitos tipos de ensinamentos sobre a vacuidade, a natureza búdica, o Mahāmudrā e o Dzogchen e depois de vinte ou trinta anos elas ainda perguntam: "Como eu aplico o Dharma na minha vida cotidiana?". Elas ainda estão procurando por algo além desses ensinamentos, algum tipo de truque ou plano em cinco pontos para todos os tipos de situações na vida delas. "O que eu faço se tiver problemas com meu chefe?", "O que eu faço se tiver problemas com minha esposa?", "O que eu faço se tiver problemas com meu cachorro?" Estamos sempre procurando por prescrições detalhadas para cada situação, de alguma forma pensando que a nossa vida dármica na almofada e no templo é diferente de todo o resto que fazemos. Mas a verdadeira forma de aplicar o Dharma na vida cotidiana é unir visão e meditação com qualquer coisa que encontramos ou na qual nos engajamos, o que significa conectar com a experiência da natureza da mente em todas as situações. Esse é o plano que, obviamente, não é de fato um plano. Isso talvez explique por que as mentes ocidentais orientadas ao planejamento muitas vezes não são magnetizadas pela simples noção de unir nossa visão e nossa meditação com qualquer coisa que encontrarmos como sendo um conselho sofisticado para o "Dharma na vida cotidiana".

Por fim, a fruição de tudo isso é ter conseguido trazer visão e meditação para todas as situações possíveis (e impossíveis). Não há mais diferença entre meditação e não meditação, meditação e conduta, ou nossa vida dármica e nossa vida cotidiana. Em termos mais técnicos, os buddhas não têm nenhum objeto da sua mente de sabedoria, e seres sencientes não têm objeto de consciência. Além disso, nem a sabedoria não conceitual nem as impurezas dos objetos que podem ser conhecidos existem. Por isso, não há nada a ser alcançado nem nada a ser perdido.

O mantra — o salto final no abismo

Isso encerra a parte do ensinamento propriamente dito do Sūtra do Coração. Na sequência, chegamos ao mantra da prajñāpāramitā:

Portanto, o grande mantra da prajñāpāramitā, o mantra da grande visão, o mantra insuperável, o mantra que é igual ao inigualável, o mantra que acalma todo o sofrimento, deveria ser reconhecido como verdadeiro, uma vez que não é enganoso.

Embora os mantras normalmente pertençam ao Vajrayāna, há uma variedade de sūtras nos quais os mantras aparecem. Literalmente, "mantra" significa "proteção mental". *Man* é uma abreviação de *manas* (uma das muitas palavras em sânscrito para "mente") e *tra* ou *traya* significa "proteção". Uma forma de interpretar isso é que a natureza da mente é protegida de máculas adventícias, aflições e obscurecimentos. Ou *man* representa *prajñā*, enquanto *tra* é compaixão ou meios hábeis; portanto, *mantra* refere-se à união de prajñā e compaixão, com as duas sílabas *man* e *tra* sendo o fluxo natural dessas duas. Assim, o mantra verdadeiro é a inseparabilidade de prajñā e compaixão. Diz-se que grandes bodhisattvas e buddhas podem abençoar sílabas para que tenham uma certa eficácia. Eles fazem isso quando sua mente está em samādhi, e não borrifando água sagrada nas sílabas ou alguma coisa assim. Desse modo, as sílabas do mantra representam uma expressão natural ou resultado daquele samādhi. Dessa forma, o mantra verdadeiro é um estado de samādhi, basicamente, repousar na natureza da mente, que é a união última de prajñā e compaixão. Isso não apenas é simbolizado por certas sílabas, mas essas sílabas estão "carregadas" com a energia benéfica do samādhi, sendo assim o mantra nominal. Aqui, uma vez que a realização da vacuidade é tão poderosa, ela é como um mantra na medida em que protege a mente de projeções dualistas e pontos de referência.

Esse mantra da prajñāpāramitā é "grandioso" porque dissipa todos os obstáculos externos e internos. Quanto a ser "o mantra da grande visão", literalmente a palavra sânscrita para visão é *vidyā* (*rigpa*, em tibetano), que significa "conhecimento" e é o oposto de ignorância (*avidyā* ou *marigpa*). É o mantra da grande visão ou o *vidyāmantra* porque ultrapassa a delusão de qualquer realidade sólida externa. Ou ele é chamado dessa forma porque dissipa a ignorância e produz visão ou sabedoria, eliminando *avidyā* e dando origem a *vidyā*. Ele também é considerado "o mantra insuperável" porque supera toda a delusão sobre qualquer realidade sólida, tanto no nível externo como interno. Ou é insuperável porque significa estar livre das três esferas de agente, objeto e ação.

Quanto a esse mantra ser "igual ao inigualável", "o inigualável" é o estado búdico, e a vacuidade é o mantra que é igual ao inigualável — estado búdico — porque a vacuidade é capaz de levar os seres sencientes ao estado búdico. A vacuidade é o meio para chegar ao estado búdico e é nesse sentido que é como um mantra, porque os mantras são usados para certos propósitos. Isso novamente destaca o fato de que a vacuidade não é um fim em si mesma, mas uma ferramenta. Ou a expressão "igual ao inigualável" pode ser entendida no sentido de que os dharmakāyas de todos os buddhas são iguais, enquanto seus kāyas da forma não são iguais. Além disso, a prajñāpāramitā é igual à sabedoria e à atividade iluminada de todos os buddhas, mas não é igual às mentes e às ações de seres comuns, śrāvakas e pratyekabuddhas.

O mantra da prajñāpāramitā também é "o mantra que pacifica todo o sofrimento". A prajñāpāramitā não apenas dissipa o sofrimento, mas também as causas e condições para o sofrimento. Ou a prajñāpāramitā ensina o caminho para acabar com todo o sofrimento. De acordo com alguns comentários, recitar os sūtras prajñāpāramitā, mantê-los na mente, aprendê-los de cor, constantemente recitá-los na nossa mente e explicá-los aos outros elimina todos os problemas e as doenças e nos coloca sob a proteção dos buddhas e bodhisattvas. Em outras palavras, praticar a prajñāpāramitā acaba com o oceano do saṃsāra.

O mantra da prajñāpāramitā "deveria ser conhecido como verdadeiro, uma vez que não é enganoso". "Deveria ser conhecido" aponta para a prajñāpāramitā como sendo a causa para atingir o estado búdico. É o que temos de cultivar ativa e pessoalmente, e não apenas deixar como letras no papel, mas integrá-las à nossa mente. Prajñāpāramitā é a única "verdade" última ou realidade última. Em termos das três portas para a liberação, de modo último, ela é sem sinais e verdadeira em termos do corpo, uma vez que não é praticada com o corpo. Ela é livre de desejos e é verdadeira em termos da fala, uma vez que é inconcebível para a mente. Diferentemente de todas as outras coisas, a prajñāpāramitā (ou a vacuidade) é verdadeira porque nunca leva a qualquer tipo de engano, e, assim, é o caminho verdadeiro para o estado búdico. A única coisa para a qual não podemos usar a prajñāpāramitā (ou a vacuidade) é para ficarmos mais confusos. Se ficamos mais confusos, é um sinal claro de que não desenvolvemos a visão da vacuidade, mas alguma outra coisa. Também se diz que a prajñāpāramitā não produz enganos porque ela realiza todos os nossos desejos, significando aqueles desejos que estão de acordo com a motivação e o caminho dos bodhisattvas. Ela também não produz enganos porque atravessa as dúvidas. Como mencionado antes, uma das principais características de prajñā é ganhar certeza irreversível sobre como as coisas realmente são.

Depois dessas descrições do mantra da prajñāpāramitā, o sūtra enuncia o mantra:

O mantra da prajñāpāramitā é recitado assim:

OṂ GATE GATE PĀRAGATE PĀRASAṂGATE BODHI SVĀHĀ

OṂ significa nada. OṂ significa tudo. OṂ significa OṂ. Geralmente, é a primeira sílaba dos mantras e há muitos volumes de explicações a respeito do significado de OṂ tanto no hinduísmo como no budismo. De forma simples, no budismo, OṂ simboliza e carrega as bênçãos de todos os buddhas, servindo como um começo auspicioso de um mantra na medida em que essa bênção dissipa toda a ignorância e produz a fruição da grande sabedoria ou *rigpa*. OṂ também pode ser entendido como os três vajras do corpo, fala e mente iluminados, uma vez que é composto das três letras sânscritas A, U e M.

As próximas duas sílabas — GATE GATE — literalmente significam "ido, ido". Todos os pontos de referência se vão com o vento de prajñā que realiza a vacuidade. Um comentário diz que essas duas sílabas simbolizam os dois significados de *abiṣheka*, uma vez que esse é um mantra. Um significado de *abiṣheka* é "dissipar" e o outro é "verter" ou "aspergir". Isso significa que, por meio do mantra, dissipamos obstáculos, dificuldades e obscurecimentos e, no lugar deles, vertemos sabedoria no nosso ser. Em particular, se diz que o vaso *abiṣheka* dissipa obstáculos e, quando bebemos a água do vaso, a sabedoria é vertida dentro de nós, por assim dizer.

PĀRAGATE significa "ido além", "ido para a outra margem" ou "ido para o outro lado". "Além" refere-se ao insuperável, que é a prajñāpāramitā, a vacuidade ou a iluminação. Ir ou ter ido até lá significa familiarizar-se com o significado fundamental dos sūtras prajñāpāramitā. Em equilíbrio meditativo, tal familiarização é como o espaço em termos do repousar na vasta abertura da mente sem quaisquer pontos de referência. Entre as sessões de meditação, os bodhisattvas treinam nos vários objetos focais de prajñā, como a bodhicitta e as seis pāramitās, o que significa treinar no samādhi que é como uma ilusão. É assim que os bodhisattvas vão além — além do saṃsāra, além da mente egoica e além da dualidade.

Porém, mesmo isso não é suficiente, pois PĀRASAMGATE significa "ir completamente além" — vamos além até mesmo de "além". Isso significa que o mero fato de ter ido além do saṃsāra também se dá com śrāvakas e pratyekabuddhas, mas o ponto ao qual eles acabam chegando não é suficiente para os bodhisattvas porque śrāvakas e pratyekabuddhas ficam presos no seu pequeno nirvāṇa pessoal sem serem de maior benefício aos outros. Bodhisattvas vão além disso, o que significa que entram no nirvāṇa livre de fixações. Desse modo, bodhisattvas vão além de todos os pontos de referência e fixação tanto com respeito ao saṃsāra como ao nirvāṇa.

BODHI significa "realização perfeita", "a mente iluminada" ou "sabedoria". Aqui se diz que representa o estado búdico final com seus quatro tipos de atividade iluminada — pacificadora, enriquecedora, magnetizadora e irada. SVĀHĀ significa literalmente: "Que assim seja!". Desse modo, num certo sentido, tem o mesmo significado que "amém". Então, se fomos cristãos e sentimos falta de dizer "amém" no budismo, podemos apenas dizer SVĀHĀ. Assim, BODHI SVĀHĀ significa: "Que possa haver a iluminação!" ou "Que a iluminação surja!". Esse é o ponto ao qual a mente "chega", uma vez que foi além de "além" — o "lugar" não dimensional sem retorno. No estado búdico, não há retorno para o saṃsāra, para a mente dualista ou mesmo para o caminho do bodhisattva. Porém, é o retorno final para a nossa natureza fundamental, da qual nos desviamos por tanto tempo. Nesse sentido, é como voltar para casa depois de uma longa e cansativa viagem por terras estrangeiras.

Alguns comentaristas também dizem que o mantra da prajñāpāramitā resume os quatro aspectos-chave da visão, do caminho, da conduta e da fruição dos sūtras prajñāpāramitā, que consistem em ser como uma ilusão, e as três portas para a liberação (vacuidade, ausência de sinais e ausência de desejos). Nesse sentido, GATE GATE significa que toda a atenção plena se tornou semelhante a uma ilusão. No caminho, começamos com atenção plena (o primeiro GATE) e depois a soltamos (o segundo GATE). Não a perdemos de fato, uma vez que a atenção plena se torna muito mais poderosa quando não tentamos deliberadamente cultivá-la, o que envolve muito esforço, conceitos e dualismo. Quando a atenção plena se torna semelhante a uma ilusão, ela tem um toque mais leve e mais natural, que é a ideia aqui. Poderíamos chamar isso de "atenção plena sem mente". PĀRAGATE significa que fomos além até mesmo da atenção plena semelhante a uma ilusão, o que significa ter ido além até a vacuidade. PĀRASAṂGATE refere-se a ter ido além tanto da atenção plena semelhante a uma ilusão como da vacuidade, o que se refere a ter chegado à ausência de sinais, ou à ausência de quaisquer características, incluindo a vacuidade. Por fim, BODHI SVĀHĀ significa ter purificado todos os obscurecimentos aflitivos e cognitivos, e assim ter chegado à ausência de desejos, ou ter ido completamente além da mente (tib. *lodé; blo'da*s). Essa última expressão também é frequentemente usada no Mahāmudrā e no Dzogchen. Śāntideva disse o mesmo no nono capítulo do seu *Bodhicaryāvatāra*:

> O absoluto não é a esfera da cognição.[12]

"Mente" ou "cognição" refere-se à mente dualista, então nós literalmente abandonamos a nossa mente, ou seja, abandonamos a nossa mente dualista. Saímos do campo da mente dualista e entramos no que a mente de fato é. Obviamente, isso não significa que, nesse ponto, perdemos a nossa mente, caímos mortos ou nos dissolvemos no nada, mas significa que abandonamos completamente a nossa esfera usual de experiência — esse é o fim do mundo como o conhecemos.

Também se diz que o mantra da prajñāpāramitā reflete os cinco caminhos. GATE GATE representa os caminhos da acumulação e da preparação. PĀRAGATE refere-se ao caminho da visão. PĀRASAṂGATE simboliza o caminho da meditação (ou familiarização), e BODHI SVĀHĀ é o caminho de não mais aprender.

Atiśa oferece um comentário interessante aqui, ao dizer que tudo o que é dito no sūtra antes do mantra é para aqueles de faculdades mais embotadas, para quem a versão breve dos conteúdos do sūtra como condensados no mantra permanece secreta. Em outras palavras, se não entendemos por meio do mantra o que o Sūtra do Coração significa, temos que ler o sūtra inteiro, mas, para as pessoas de faculdades aguçadas, o mantra deveria ser suficiente. Essa parece ser a razão para o mantra estar no fim do sūtra.

Quando Avalokiteśvara termina seu ensinamento, ele pronuncia o mantra, que também aponta uma mudança radical em termos da abordagem didática como um todo. Apesar da abordagem desconstrutiva do Sūtra do Coração, tudo até: "Todos os buddhas dos três tempos despertam completamente para a iluminação totalmente perfeita e insuperável ao confiarem na prajñāpāramitā" — a vacuidade em quatro aspectos, a profundidade em oito aspectos, todas as listas que negam skandhas, dathūs, āyatanas, originação dependente, quatro nobres verdades, sabedoria, realização e não realização — ainda é analítico, conceitual e dualista, portanto, baseado na mente racional. Até esse ponto, o sūtra ainda é contemplativo e há pelo menos algum conteúdo básico, mas o mantra significa um salto qualitativo na nossa abordagem da coisa toda. O mantra marca o ponto onde somos encorajados a saltar para o espaço não racional e não conceitual da experiência direta do que o sūtra tem tratado até o momento. Avalokiteśvara nos empurrou cada vez mais longe na direção da beira do abismo com o que ele disse até agora, mas o mantra é o empurrão final, porque, em termos de palavras ou compreensão intelectual, não há nada mais a falar ou pensar nesse ponto. O mantra nos encoraja a saltar para a experiência de *śūnyatā* sem quaisquer conceitos e sem nos agarrar em nada. No seu comentário sobre o Sūtra do Coração, Thich Nhat Hanh afirma:

> Quando ouvimos o mantra, deveríamos nos colocar nesse estado de atenção, de concentração, de modo que possamos receber as forças emanadas pelo bodhisattva Avalokiteśvara. Não recitamos o Sūtra do Coração como quem canta uma música ou apenas com o nosso intelecto. Se você praticar a meditação sobre a vacuidade, se penetrar a natureza do interser com todo o seu coração, seu corpo e sua mente, realizará um estado que é bem concentrado. Então, se recitar o mantra com todo o seu ser, o mantra terá poder, e você será capaz de ter uma comunicação real, uma comunicação real com Avalokiteśvara e será capaz de transformar a si mesmo na direção da iluminação. Então, esse texto não é apenas para recitar ou para ser colocado no altar para adoração. Ele nos é oferecido como uma ferramenta para trabalhar para a nossa liberação, para a liberação de todos os seres.[13]

Quando tivermos passado pelo sūtra usando-o como um manual contemplativo, nossa chegada ao ponto de recitar o mantra é bem diferente de apenas recitar o mantra em si, pois nossa mente estará num estado muito diferente, magnetizada tanto pelas palavras do sūtra como pelo nosso foco mental no seu significado. Estaremos numa situação de samādhi, aqui, tendo despido as nossas mentes das suas vestes conceituais, pelo menos até certo ponto. Quando recitado a partir desse estado de mente, o mantra tem muito mais poder, o que significa que há uma chance maior de saltarmos realmente no abismo. Então, poderemos ler todas as Notas sobre o Abismo; só precisamos nos certificar de cairmos devagar e desfrutarmos a vista.

Num certo sentido, o mantra é como o desfecho de uma piada realmente boa. Se você apenas contar o desfecho sem chegar até ele pela piada que o precede, ele não fará nenhum sentido e não terá efeito — ninguém entenderá do que se trata, e muito menos rirá. De certo modo, o mantra é a risada final sobre a piada cósmica do Sūtra do Coração. Quando rimos muito de uma piada boa, não pensamos mais sobre as palavras que levaram ao desfecho ou mesmo sobre o desfecho, mas estaremos num espaço não conceitual de satisfação e de soltar qualquer tensão, apenas desfrutando o momento. De forma semelhante, o mantra é como finalmente ter intuído a piada eterna do saṃsāra e do nirvāṇa.

O louvor do Buddha

Por fim, chegamos à conclusão do ensinamento de Avalokiteśvara:

> Dessa forma, Śāriputra, os bodhisattvas mahāsattvas deveriam treinar na profunda prajñāpāramitā.

Muitos comentaristas afirmam que toda a resposta para Śāriputra pode ser dividida em sessões representando os cinco caminhos. De acordo com Kamalaśīla, os caminhos da acumulação e da preparação, que ainda se apoiam no conhecimento analítico e inferencial, estão representados pela passagem: "O nobre Avalokiteśvara... Da mesma forma, sensação, discriminação, formação e consciência são vacuidade." O caminho da visão consiste da profundidade em oito aspectos: "Assim, Śāriputra, todos os fenômenos são vacuidade... sem diminuição e sem crescimento". O caminho da familiarização é: "Portanto, Śāriputra, na vacuidade, não há forma... Uma vez que suas mentes estão sem obscurecimentos, eles não têm medo." O caminho de não mais aprender consiste em: "Tendo transcendido completamente a delusão, alcançam o nirvāṇa completo" (o dharmakāya); e "Todos os buddhas dos três tempos despertam completamente para a iluminação totalmente perfeita e insuperável ao confiarem na prajñāpāramitā" (os dois kāyas da forma).

De acordo com Padma Karpo, a passagem: "O nobre Avalokiteśvara... Da mesma forma, sensação, discriminação, formação e consciência são vacuidade" representa a visão, que é como olhar na direção do próprio destino. "Assim, Śāriputra, todos os fenômenos são vacuidade... não há realização, nem não realização" indica a meditação, que é como caminhar na direção do próprio destino. Em particular: "Portanto, Śāriputra, uma vez que os bodhisattvas não têm realização, eles repousam na confiança na prajñāpāramitā. Uma vez que suas mentes estão sem obscurecimentos, eles não têm medo" representa o samādhi vajra como a meditação final. "Tendo transcendido completamente a delusão... iluminação totalmente perfeita e insuperável ao confiarem na prajñāpāramitā." representa a fruição, que é como ter chegado ao próprio destino. "Portanto, o grande mantra da prajñāpāramitā... OṂ GATE GATE PĀRAGATE PĀRASAṂGATE BODHI SVĀHĀ" aponta para a conduta, que é o caminho secreto dos bodhisattvas.

Uma vez que Śāriputra perguntou, no início, como um filho ou uma filha de nobre família deveria treinar na profunda prajñāpāramitā, Avalokiteśvara explicou o modo pelo qual os bodhisattvas percorrem o caminho até o estado búdico. Agora, o Buddha confirma que esse é realmente o caminho a percorrer:

> Então, o Bhagavān emergiu daquele samādhi e se dirigiu ao nobre Avalokiteśvara, o bodhisattva mahāsattva: "Muito bom! Ótimo, ótimo, ó filho

de nobre família. Assim é, ó filho de nobre família, assim é".

No início do sūtra, o Buddha entrou no "samādhi da percepção do profundo", e agora ele finalmente está dispensado. Avalokiteśvara serviu como um perfeito transmissor da mente do Buddha e assumiu a tarefa de responder as perguntas de Śāriputra, e assim o Buddha pôde voltar ao normal, por assim dizer. Porém, não sem dar sua aprovação explícita sobre o que Avalokiteśvara havia dito. Basicamente, o Buddha diz que o que Avalokiteśvara explicou é tão bom quanto o que o próprio Buddha teria dito. Além disso, Avalokiteśvara recebe o selo de aprovação total do Buddha não apenas uma vez, mas duas. De acordo com alguns comentários, a primeira vez em que ele diz: "Ótimo, ó filho de nobre família, assim é" significa que o Buddha aprova a apresentação do caminho feita por Avalokiteśvara, que é o aspecto causal da prajñāpāramitā; enquanto a segunda vez em que ele diz: "Ótimo, ó filho de nobre família, assim é" representa sua aprovação do aspecto de fruição da prajñāpāramitā, que é o estado búdico. No sūtra, tudo a partir de: "Ó, Śāriputra, um filho de nobre família ou uma filha de nobre família... deveria ver dessa forma..." até "...eles não têm medo" representa o caminho, enquanto "Todos os buddhas dos três tempos despertam completamente para a iluminação totalmente perfeita e insuperável ao confiarem na prajñāpāramitā" refere-se à fruição. Quando o Buddha diz "Assim é", ele se refere à mente estar completamente liberada, uma vez que a realidade profunda é realizada, que é a "talidade" natural da mente, que nunca foi diferente ou contaminada por coisa alguma.

O Buddha conclui:

> "Deve-se praticar a profunda prajñāpāramitā assim como você ensinou, e os tathāgatas se regozijarão."

Essa é a garantia final do Buddha — se praticarmos a prajñāpāramitā como Avalokiteśvara explicou, não há como não se tornar um(a) buddha. Além disso, ganhamos o bônus de tornar todos os buddhas felizes. No entanto, é claro, o principal objetivo de praticar o caminho do bodhisattva é fazer todos os seres felizes, não tanto os buddhas (sendo buddhas, eles já são felizes). O fato dos bodhisattvas fazerem todos os seres felizes é a razão pela qual os buddhas louvam e se alegram por todas as atividades dos bodhisattvas, e essa atividade de bodhisattva de beneficiar os seres é, ao mesmo tempo, a melhor forma de fazer os buddhas felizes.

O EPÍLOGO

A parte restante do sūtra consiste no epílogo (ou conclusão), que é comum a todos os sūtras prajñāpāramitā:

> Quando o Bhagavān assim falou, o venerável Śāriputra e o nobre Avalokiteśvara, o bodhisattva mahāsattva, e todos aqueles que os circundavam, e o mundo, com seus deuses, humanos, asuras e gandharvas, se alegraram e louvaram as palavras do Bhagavān.

Embora o Buddha não tenha falado muito, todo o sūtra carrega a autoridade de sua fala. A introdução do sūtra fala somente de humanos — monásticos e bodhisattvas — como sua audiência, mas, obviamente, havia muitos outros seres também, como todos os tipos de deuses. Asuras são semideuses dentro dos seis reinos do saṃsāra, que sempre lutam contra os deuses por uma árvore miraculosa gigante com as frutas mais deliciosas. As raízes dessa árvore estão no reino dos asuras, mas os galhos com os frutos crescem no reino dos deuses — todos sabemos como terminam essas disputas por alguns galhos de árvores do nosso jardim que crescem em direção ao jardim do nosso vizinho. Gandharvas são os músicos celestiais que tocam para os deuses e vivem apenas de odores. Devem ser todos aqueles músicos de *rock* falecidos que continuam tocando os seus sucessos! Todos esses seres "se alegraram e louvaram as palavras do Bhagavān", e isso significa não apenas que eles louvaram e se alegraram com as palavras efetivamente pronunciadas pelo Buddha no fim do sūtra, mas também se refere a tudo o que Avalokiteśvara disse por meio do poder das bênçãos do Buddha durante o seu samādhi.

Uma meditação sobre a Prajñāpāramitā e o *Sūtra do Coração*

Para praticar mais a prajñāpāramitā, o cânone tibetano dos tratados budistas indianos (Tengyur) contém uma sādhana curta escrita por um siddha chamado Dārika que representa uma reencenação interna do Sūtra do Coração. A seguir, uma versão abreviada dessa sādhana e sua visualização.[14]

Começamos a meditação imaginando que, da sílaba MAṂ sobre um lótus e um disco de sol no nosso coração, luz é irradiada e convida todos os buddhas e bodhisattvas ao espaço à nossa frente. Na presença deles, tomamos refúgio nas três joias, fazemos surgir a bodhicitta e cultivamos as quatro incomensuráveis de amor, compaixão, alegria e equanimidade. Depois, recitamos o mantra da vacuidade OṂ SVABHĀVA ŚUDDHA SARVA DHARMA SVABHĀVA ŚUDDHO 'HAṂ. Literalmente, isso significa: "OṂ, todos os fenômenos são puros por natureza e puro por natureza sou eu". Esse mantra se refere a tudo interna ou externamente como sendo naturalmente vazio. Em geral, depois dele, as sādhanas dizem que tudo se torna vacuidade, o que é com frequência interpretado erroneamente como se as coisas não fossem vazias antes e se tornassem vazias ou fossem transformadas em vazias depois. Essa sādhana é uma das poucas que explicitamente nos diz para contemplar que tudo é primordialmente vacuidade por natureza. O mantra não significa imaginarmos que tudo se dissolve no nada ou fecharmos nossos olhos e fazermos de conta que não há nada ali, mas significa trazermos à mente o fato de que tudo sempre foi e sempre será vazio por natureza. Assim, o ponto principal não é o mantra, mas a contemplação da vacuidade natural de todos os fenômenos.

A partir desse estado de vacuidade natural, aqueles que estão familiarizados com a visualização dos quatro elementos, o Monte Meru e, no topo dele, um belo palácio com um trono sustentado por oito leões, um lótus e um disco de sol, podem construir a visualização dessa forma. Aqueles que não estão familiarizados com ela, podem apenas visualizar um trono de leão no espaço, sobre o qual há uma flor de lótus e um disco de sol dentro do lótus. Sobre o disco de sol, nós nos visualizamos como Prajñāpāramitā. Simplesmente nos esquecemos do nosso corpo e da nossa mente comuns, substituindo-os por Prajñāpāramitā, que é da cor amarela, com quatro braços e todos os ornamentos de uma forma sambhogakāya. Na visualização dessa sādhana, ela não segura uma espada na mão direita superior, mas um vajra. Sua mão esquerda superior segura uma escritura. As duas mãos inferiores geralmente estão no gesto meditativo, mas, nessa sādhana, a mão direita inferior está no gesto de proteção (o pulso apoiado no joelho direito, com a palma virada para cima e para fora). A mão esquerda inferior está no mudrā de ensinar o Dharma, no qual o polegar e o dedo indicador se tocam e os três dedos restantes estão retos, mas ligeiramente dobrados. Esse mūdra simboliza prajñā (polegar) e compaixão (dedo indicador) unidos, dos quais os ensinamentos fluem para todos os seres (simbolizados pelos três dedos restantes). No coração da Prajñāpāramitā há um lótus sobre o qual está a sílaba amarela MAṂ na vertical.

Com a Prajñāpāramitā no centro circundada por quatro outras figuras, a visualização toda está disposta como uma maṇḍala. À frente da Prajñāpāramitā, está o Buddha Śākyamuni, sentado num trono de leão sobre um disco de lua. Ao fundo, sobre um disco de lótus e de lua, Avalokiteśvara está sentado na posição de pernas cruzadas. À direita, Śāriputra se ajoelha com as palmas das mãos unidas. À esquerda, Ānanda está sentado sobre um lótus. Embora Ānanda não apareça como uma pessoa no Sūtra do Coração, ele está implicitamente presente e por isso foi incluído aqui nessa maṇḍala. Como mencionado anteriormente, ele é aquele a quem o Buddha confiou a preservação e a transmissão dos sūtras prajñāpāramitā, o que é indicado pelas palavras de abertura de Ānanda: "Assim eu ouvi" no início do sūtra. Essas cinco figuras são, por assim dizer, o elenco do sūtra, os atores principais. É claro que a atriz principal é a Prajñāpāramitā no centro e ela também é o tema ou a linha narrativa que tudo permeia. Quando essa visualização está completa, imaginamos que, da sílaba MAṂ no coração da Prajñāpāramitā, luz se irradia para todos os buddhas e bodhisattvas (jñānasattvas, ou seres de sabedoria), faz oferendas a eles e os dissolve nas cinco figuras da maṇḍala. As cinco também recebem abhiṣeka de todos os buddhas, com Vairocana, Akṣobhya, Ratnasambhava, Amitābha e Amoghasiddhi (ou suas sílabas correspondentes OṂ, HŪṂ, TRAṂ, HRĪḤ, ĀḤ) sendo colocados no topo das cabeças da Prajñāpāramitā, do Buddha, de Śāriputra, de Avalokiteśvara e de Ānanda, respectivamente. Além disso, todas as cinco são abençoadas por meio de uma sílaba branca OṂ nas suas testas, uma sílaba ĀḤ vermelha nas suas gargantas e uma sílaba HŪṂ azul nos seus corações.

Como de costume, se diz que a nossa visualização deveria ser como um reflexo no espelho ou um arco-íris — claro, lúcido e vívido, mas totalmente insubstancial. Tendo focado nessa maṇḍala e mantendo-a com clareza na mente, então visualizamos o Buddha se movendo para um lótus no nosso coração como Prajñāpāramitā e entrando no seu samādhi. Movendo-se para o coração da Prajñāpāramitā, ele se une com ela, uma vez que esse samādhi significa repousar nela. Isso, então, empodera Avalokiteśvara a responder à pergunta de Śāriputra, enquanto Ānanda está sentado sobre seu lótus. Todas as quatro figuras estão agora no centro do nosso coração como Prajñāpāramitā. Em relação a sobre o que fazer com a nossa mente, ou seja, como repousar no samādhi durante essa visualização, a sādhana orienta:

> Dessa forma, todo o séquito que se desenvolve a partir
> Do estado de todos os fenômenos pacíficos é corporificado na mãe.
> Observe a letra MAṂ no samādhi com características
> Claramente e sem concepções.
>
> Todos os fenômenos, primordialmente pacíficos,
> Aparecem de forma enganosa através do poder das condições.
> Quando a realidade é realizada, eles estão em paz.
> Quando estão em paz, eles aparecem como ilusões.
>
> Não deixe de não conceitualizá-los como os quatro extremos.
> Sem permanecer em agitação ou torpor, a mente em si
> É luminosa, sem meditar sobre nada —
> Essa é a perfeição da yoga sem características.

Assim, aplicamos dois tipos de samādhi aqui. O primeiro é focar na lúcida, porém insubstancial, sílaba MAṂ no centro do coração da Prajñāpāramitā, com o Buddha em samādhi e Avalokiteśvara ensinando. Esse é o samādhi com características ou com visualização. O objetivo aqui é ter um senso da visualização como a união de aparência e vacuidade (ou claridade). Em seguida, passamos para o samādhi sem características, que significa contemplar todos os fenômenos como ilusões, aparentes, porém vazios de existência verdadeira. Assim, eles não são existentes, nem inexistentes, tanto existentes como inexistentes ou nenhum. Sem encontrar absolutamente nenhum ponto de referência, apenas repousamos na espacialidade luminosa e aberta da mente sem meditar sobre coisa alguma, livres de agitação e embotamento. Ou seja, simplesmente relaxamos e permitimos que nossa mente se estabeleça na sua própria natureza tal como ela é, sem visualizar ou segurar-se em coisa alguma. Durante uma sessão podemos também alternar muitas vezes entre esses dois samādhis.

Por fim, a sādhana diz que, quando estivermos cansados, recitamos o mantra OṂ GATE GATE PĀRAGATE PĀRASAṂGATE BODHI SVĀHĀ, que é o Sūtra do Coração, em poucas palavras. Observe que, diferente da prática habitual no budismo tibetano, nas sādhanas indianas, a recitação do mantra não é usada durante todo o período de visualização e meditação, mas somente como um meio de repousar no fim de uma sessão. Enquanto recitamos o mantra (silenciosamente na nossa mente ou em voz baixa) e mantemos a visualização em mente, visualizamos as sílabas do mantra circundando o MAṂ no centro do nosso coração enquanto estamos na forma da Prajñāpāramitā. Imaginamos luz irradiando das sílabas do mantra para todos os seres de sabedoria (todos os buddhas e bodhisattvas), fazendo oferendas a todos eles, e retornando com suas bênçãos. Depois, a luz irradia para todos os seres sencientes e purifica suas mentes, estabelecendo-os no estado de Prajñāpāramitā.

No fim, recitamos as dezoito vacuidades e dissolvemos a visualização de fora para dentro, com a sílaba MAṂ sendo dissolvida por último, de baixo para cima.

O Sūtra do Coração da Gloriosa Mãe Prajñāpāramitā

Assim eu ouvi. Uma vez o Bhagavān estava residindo na Montanha dos Abutres, em Rājagṛha, junto com uma grande assembleia de monges completamente ordenados e uma grande assembleia de bodhisattvas. Naquele momento, o Bhagavān entrou no samādhi das enumerações de fenômenos chamado de "percepção do profundo". Ao mesmo tempo, o nobre Avalokiteśvara, o bodhisattva mahāsattva, enquanto praticava a profunda prajñāpāramitā, viu assim: ele viu os cinco skandhas como vazios de natureza.

Então, pelo poder do Buddha, o venerável Śāriputra assim falou para o nobre Avalokiteśvara, o bodhisattva mahāsattva: "Como deveria treinar um filho ou uma filha de nobre família que deseje praticar a profunda prajñāpāramitā?".

O nobre Avalokiteśvara, o bodhisattva mahāsattva, disse ao venerável Śāriputra: "Ó Śāriputra, um filho ou uma filha de nobre família que deseje praticar a profunda prajñāpāramitā deveria ver dessa forma: eles veem os cinco skandhas como vazios de natureza. Forma é vacuidade, vacuidade também é forma. Vacuidade não é diferente de forma, forma não é diferente de vacuidade. Da mesma forma, sensação, discriminação, formação e consciência são vacuidade. Assim, Śāriputra, todos os fenômenos são vacuidade, sem características, sem surgimento, sem cessação, sem impureza, sem pureza, sem diminuição e sem crescimento. Por isso, Śāriputra, na vacuidade, não há forma, nem sensação, nem discriminação, nem formação, nem consciência; nem olho, nem ouvido, nem nariz, nem língua, nem corpo, nem mente; nem forma, nem som, nem cheiro, nem sabor, nem objeto tangível, nem fenômeno; nem o dhātu do olho até o dhātu da mente, nem o dhātu dos fenômenos, nem o dhātu da consciência mental; nem ignorância, nem extinção da ignorância até velhice e morte e nem extinção de velhice e morte; nem sofrimento, nem origem, nem cessação, nem caminho, nem sabedoria, nem realização, nem não realização.

"Portanto, Śāriputra, uma vez que os bodhisattvas não têm realização, eles repousam na confiança na prajñāpāramitā. Uma vez que as suas mentes estão sem obscurecimentos, eles não têm medo. Tendo transcendido completamente a delusão, alcançam o nirvāṇa completo. Todos os buddhas dos três tempos despertam completamente para a iluminação totalmente perfeita e insuperável ao confiarem na prajñāpāramitā.

"Portanto, o grande mantra da prajñāpāramitā, o mantra da grande visão, o mantra insuperável, o mantra que é igual ao inigualável, o mantra que acalma todo o sofrimento, deveria ser conhecido como verdadeiro uma vez que não é enganoso. O mantra da prajñāpāramitā é recitado assim:

OṂ GATE GATE PĀRAGATE PĀRASAṂGATE
BODHI SVĀHĀ

"Dessa forma, Śāriputra, os bodhisattvas mahāsattvas deveriam treinar na profunda prajñāpāramitā."

Então, o Bhagavān emergiu daquele samādhi e se dirigiu ao nobre Avalokiteśvara, o bodhisattva mahāsattva: "Muito bom! Ótimo, ótimo, ó filho de nobre família. Assim é, ó filho de nobre família, assim é. Deve-se praticar a profunda prajñāpāramitā assim como você ensinou, e os tathāgatas se regozijarão."

Quando o Bhagavān assim falou, o venerável Śāriputra e o nobre Avalokiteśvara, o bodhisattva mahāsattva, e todos aqueles que os circundavam, e o mundo, com seus deuses, humanos, asuras e gandharvas, se alegraram e louvaram as palavras do Bhagavān.

Isso foi traduzido para o tibetano pelo paṇḍita indiano Vimalamitra e o tradutor e monge completamente ordenado Rinchen Dé. Foi editado pelo grande editor-tradutor Gelo, Namka e outros.

Tradução para o inglês de Karl Brunnhölzl, com base em várias edições tibetanas e sânscritas.

Bibliografia selecionada

Bokar, Rinpoche, e Khenpo Donyo. 1994. *Profound Wisdom of the Heart Sūtra and Other Teachings*. São Francisco: ClearPoint Press.

Conze, Edward, trad. 1973. *The Perfection of Wisdom in Eight Thousand Lines & Its Verse Summary*. Bolinas: Four Seasons.

_____, trad. 1975. *The Large Sutra on Perfect Wisdom*. Berkeley: University of California Press.

_____, trad. 2002. Perfect Wisdom. *The Short Prajñāpāramitā Texts*. (Reimpressão; publicado originalmente em 1973 por Luzac, Lond). Totnes (UK): Buddhist Publishing Group.

Dārika. *Prajñāpāramitāhrdayasādhana* Tripitaka Tibetano: D2641.

Hixon, Lex. 1993. *The Mother of the Buddhas*. Wheaton: Quest Books.

Lopez. Donald S., Jr. 1988. *The Heart Sūtra Explained*. Albany: State University of New York Press.

_____. 1996. *Elaborations on Emptiness*. Princeton: Princeton University Press.

Red Pine. 2005. *The Heart Sutra: The Womb of Buddhas*. Berkeley: Counterpoint Press.

Sangharakshita 1993. *Wisdom Beyond Words: The Buddhist Vision of Ultimate Reality*. Birmingham: Windhorse Publications.

Soeng, Mu. 2010. *The Heart of the Universe: Exploring the Heart Sutra*. Boston: WisdomPublications.

Tenzin Gyatso, o Décimo Quarto Dalai Lama. 2006. A *essência do sutra do coração*. São Paulo: Editora Gaia.

Thich Nhat Hanh. 1988. *O coração da compreensão: Comentários ao Sutra do Coração Prajnaparamita Sutra*. São Francisco de Paula: Editora Bodigaya.

Notas

1. Sangharakshita 1993, p. 44.
2. XXV.l.
3. IV.94-96.
4. Aqui o autor faz uma referência à música dos Beatles, *Magical Mystery Tour*, que significa "Viagem mágica e misteriosa".
5. D3809, verso 1.
6. Citado em K. T. Fann, *Wittgenstein's Conception of Philosophy* (Berkeley: University of California Press, 1969), p. 103, n.4.
7. Edward Conze, The Prajñāpāramitā Literature ('s Gravenhage: Mouton and Co., 1960), p. 15.
8. Gareth Sparham, trad., *Abhisamayālaṃkāra with Vṛtti and Āokā, vol. 1: First Abhisamaya* (Fremont, Calif.: Jain Publishing Company, 2006), p. xxvii.
9. Verso 72.
10. XIII.8.
11. N. do E.: No original, *selflessness*.
12. IX.2c.
13. Thich Nhat Hanh 1988, pp. 50,51.
14. Para mais detalhes, ver Lopez 1988, pp. 114-19.

Que muitos seres sejam beneficiados!

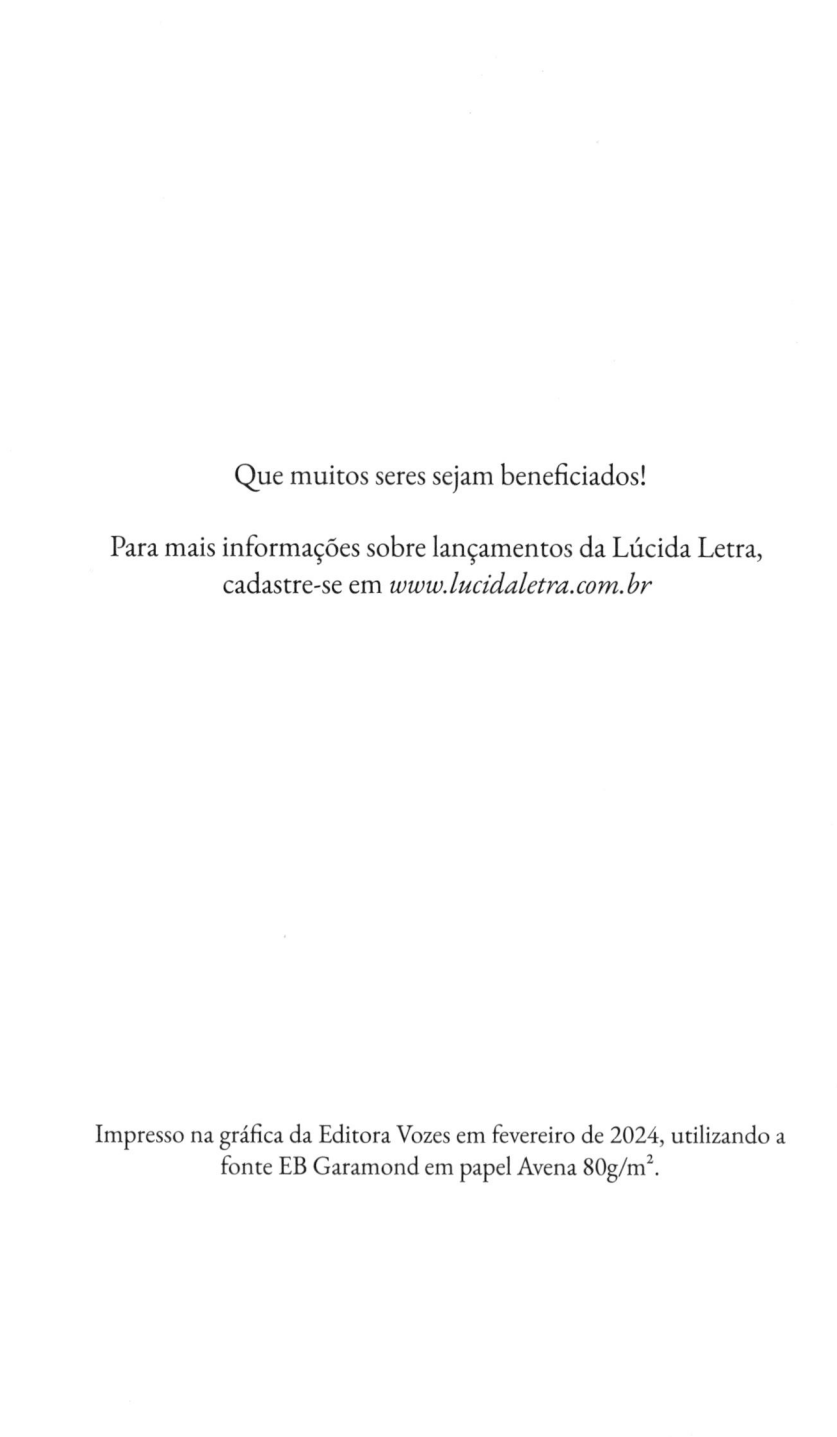

Para mais informações sobre lançamentos da Lúcida Letra, cadastre-se em *www.lucidaletra.com.br*

Impresso na gráfica da Editora Vozes em fevereiro de 2024, utilizando a fonte EB Garamond em papel Avena 80g/m².